未来志向型経営

成長企業であり続ける、「4つの革新」

タナベ経営　取締役・東京本部長
仲宗根政則 著

ダイヤモンド社

はじめに　環境変化に対応し、先手・先行で「革新」する

存続志向型ではなく、未来志向型の企業をつくる

経営はゴールのない駅伝競走だといわれる。しかし現実を見ると、創業一〇〇周年を迎える企業は〇・六％※しかない。何代かバトンをつなぐ中で、環境変化に対応できずに倒産するか、吸収・合併などによりほとんどの会社がなくなっているのだ。近年は、後継者不在で廃業するケースが多いことも、企業発展を支援するコンサルタントとして悲しいものがある。

この生存率〇・六％※という現実を踏まえると、「企業は単に存続を目標にするだけでよいのだろうか」という疑問がわく。

成熟した市場環境の中、存続し続けるのは確かに難しくなっている。しかし、存続を目的とする家業は別として、企業として体をなしているならば、永続発展に向けて取り組むべきであろう。

なぜなら、企業とは、社会のニーズに応えて変化し、何らかの商品・サービスを提供し続けることによって利益を得て、存在しているものだからだ。倒産・廃業という事態を招き、顧客

（得意先）や仕入れ先に迷惑をかけないことに加え、納税も含めて地域社会に貢献すること、また雇用を守ることにも大きな意義がある。

中堅・中小企業も例外ではない。社会的責任を担うトップや経営幹部が目線をどこに置くのかで、自社の未来が決まる。企業規模が小さい、経営資源が乏しいなど、「できない理由」には切りがないが、トップが変化を恐れてはならない。未来志向で、むしろ変化を楽しむくらいの気概が必要ではないかと思う。

市場縮小下における「現状維持」は、「衰退」を招く結果になりかねない。未来志向で永続発展する企業づくりを目指してほしい。実際、永続発展している企業は、環境変化に対応し、常に世の中に必要とされるべく、先手・先行で進化し続けている。

成長企業であり続けるための「4つの革新」とは

タナベ経営は現在、一〇〇年先も一番に選ばれる会社、「ファーストコールカンパニー」づくりを提唱している。全国にファーストコールカンパニーを数多く創出し、日本を元気にしたいという思いからである。

ファーストコールカンパニーには、次の条件がある。

①顧客価値のあくなき追求

顧客価値を見つめる謙虚さと強みを磨く経営

②ナンバーワンブランド事業の創造

ブランド事業を生み出すナンバーワン戦略モデル

③強い企業体力への意志

経常利益率一〇%と無借金経営の財務体質

④自由闊達に開発する組織

自己変革できるチームと開発力を発揮する組織

⑤事業承継の経営技術

志を次代へ承継する一〇〇年経営

これらの条件整備を行うにしても、持てる経営資源をどう配分するかという意思決定は、トップ・経営幹部にかかっている。問題のリカバリーや現状維持を目的とした経営資源配分ではなく、未来志向での資源配分が必要となる。

未来に向かって何を変えて、成長企業であり続けるか。

本書では、成長企業のトップ・経営幹部との面談や、その企業のコンサルティング事例を踏まえて、成長企業であり続けるための「4つの革新」について述べている。

4つの革新とは、「『事業モデル』の革新」「『社風』の革新」「『次世代経営幹部育成システム』の革新」「『トップの思考・行動』の革新」。永続発展を目指す中堅・中小企業のトップ・経営幹部に対する提言である。

本書の構成

本書をお読みいただく前に、各章の概要について触れておきたい。

序章では、未来から現在を見つめ、正しい危機感を持つ必要性を述べている。現在の業績や、顧客から求められている自社の価値は、将来も同じとは限らない。むしろ、変化することが多い。自社が正しい危機感を持って、先手・先行で未来志向型経営ができているかを問い直していただきたい。

第1章から第4章は、前述した4つの革新についてそれぞれ述べている。

第1章は、第一ボタンとなる「『事業モデル』の革新」についてである。競合他社がいる限り、事業モデルの完成はない。強い事業モデルの条件とは何か。既存事業の強化や進化、新規事業開発などの着眼について説明する。事業モデルは収益構造を決めるものであり、成長率と利益率に直結するものである。自社の事業モデル革新の課題は何かを明確にしていただきたい。

第2章は「『社風』の革新」について述べる。社風は、トップ自身が形成している場合が多い。変化を楽しむ社風づくりのポイントや、変化し続ける自律型組織風土づくりのための「見える化」手法の活用事例を紹介している。

第3章は、「『次世代経営幹部育成システム』の革新」である。永続発展に不可欠な次世代の経営幹部人材づくりについて、それが進まない理由と解決策、次世代の経営幹部人材に必要な視点・スキルと育成に効果的な「ジュニアボードシステム」の活用事例を挙げている。

第4章は「『トップの思考・行動』の革新」。未来志向型経営を実践するには、トップの思考と行動を革新することが必要であり、その着眼について説明している。

過去は変えられないが、未来は変えられる。

成長企業であり続けるためのヒントとして、本書をお役立ていただきたい。

勇気と覚悟を持って革新し、読者の皆さまの会社が成長企業であり続けることを願っている。

※株式会社プロネクサス「日本の企業100万社」よりタナベ経営が算出。

未来志向型経営◉目次

第1章 「事業モデル」の革新

第2章 「社風」の革新

第3章 「次世代経営幹部育成システム」の革新

第4章 「トップの思考・行動」の革新

序章

正しい危機感の醸成
——未来志向型企業となるために

1 未来価値の創造を怠るな

自社を成長・発展させ、かつ永続させていくためには、環境変化を読み取り、その変化に合わせて、自社の存在価値を向上させ続けなければならない。

存在価値は、世の中が求めているものと、自社の持ち味（強み）との接点にある。強みがあっても、その強みを世の中が求めていなければ単なる自己満足にすぎず、その企業に存在価値はない。

今、自社が存在しているのは、自社の持つ強みと、現在の世の中が求めているものに接点があるからだ。しかし、その接点（ストライクゾーン）は、人口構造の変化や技術革新、法規制の改正など、さまざまな外部環境の変化によって動いていく。時代の変化に伴って環境が変われば、世の中が求めているもの、すなわち、顧客ニーズも変化するのである（**図表1**）。

このストライクゾーンの変化を読み取り、変化に適応するために自社の強みに磨きをかけ、自社の存在価値を向上させることが必要だ。もし、変化に対応できる強みがなければ、その強

図表1　**自社が持つ強みと顧客ニーズの接点(ストライクゾーン)**

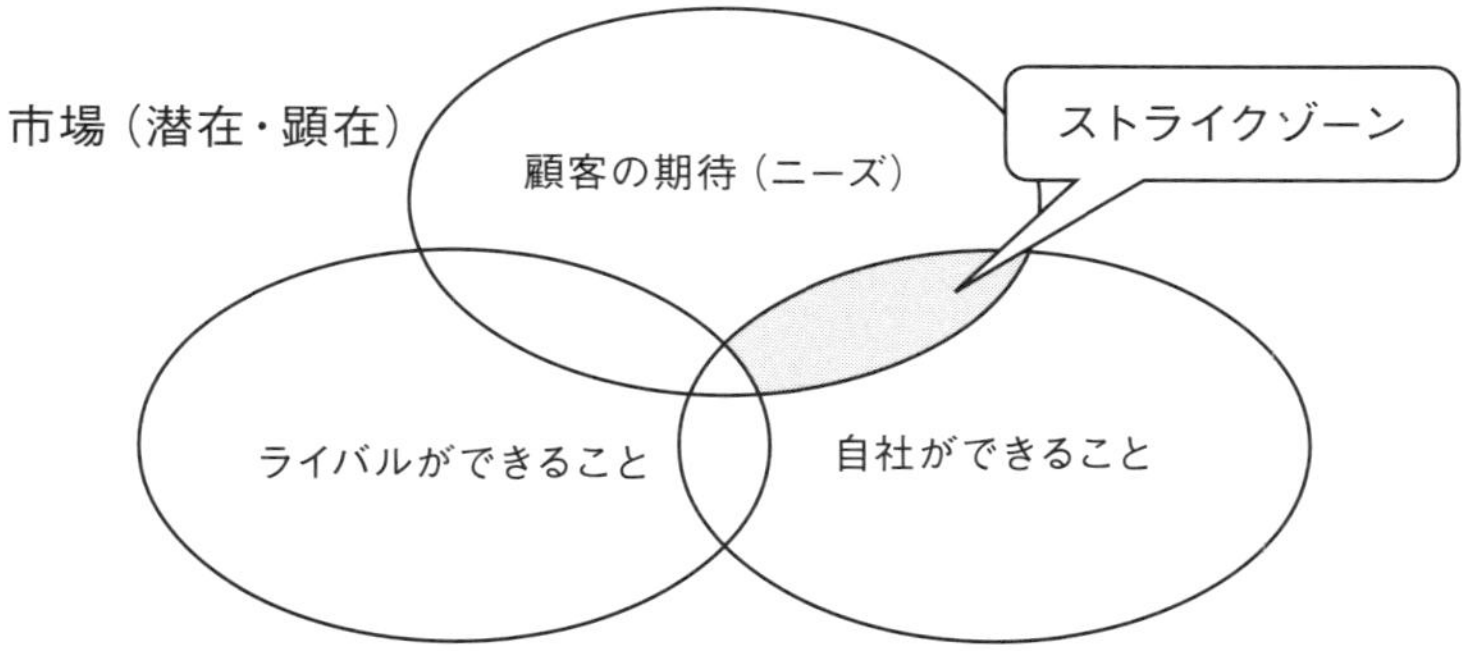

みを創造しなければならない。つまり、中長期的な変化に対応し得る存在価値をつくらなければならないということだ。

私は、この価値を「未来価値」と言っている。

外部環境が良く、業績も良いときには、自社の未来価値は見えにくい。「業績の良いときに次の手を打つのが経営の定石」といわれるが、企業経営は業績の良し悪しにかかわらず、常に未来への危機感を持ち、自社の未来価値の拡大や創造に向けた努力を怠ってはならないのだ。

五年後、一〇年後の自社の未来価値は、現在の打つ手で決まる。

「特許を多く持っている」「ロングセラー商品が多くある」「優良顧客との付き合いが多

い」など現在価値が高くても、未来価値の高さは保証されない。また、現在の強みを磨くだけでも、未来価値は高まらない。世の中が求めているものを見つけ、それに対応するために現在の強みを進化させ、これから必要な（今の自社にはない）強みを創造することが求められる。

2 正しい危機感を維持し続ける

会社（組織）において、危機感はどこから生まれるのか？

私はコンサルティングの現場で赤字会社を数多く診てきたが、「赤字の会社だから危機感を強く持っている」というわけでもない。むしろ、毎期増収増益にチャレンジする「成長意欲が高く、業界平均よりも収益性の高い企業」ほど危機感を強く持ち、経営を行っているように感じる。

毎期成長を続けている、ある中堅卸売会社は、訪問計画と実績のズレは五％以内、予定粗利益率の下ブレは〇・一％以内を基準とし、これがズレると「異常事項」として取り上げ、即、改善対策を打っている。同社における訪問計画は、業績向上の要と位置づけられる。事前に訪問時の提案内容を綿密に練って、それを確実に実行すれば、業績目標を達成できるという考え方なのだ。

危機感には「不安からくる危機感」と「不足からくる危機感」の2つがある。前者の危機感は、直面する危機的状況に対して「どうしよう、どうにかしないと……」と、現状の不安をなんとか解消しなければならないとする危機感である。後者の危機感は、「自社のあるべき姿と現状を比較すると、まだまだ改善しなければ……」と、不足を解消しようとする現状否定型の危機感である。

正しい危機感とは、後者の「不足からくる危機感」だ。これを常に持ち続け、現状否定の精神で事業経営に当たる必要がある。

そのためには、あるべき姿、あるべき数値基準を明確に持ち、その基準値に近づけることだ。基準値に達している場合には、そこからズレないように先手・先行で課題を見つけ、つぶしていく。前述の中堅卸売会社には、訪問計画と実績のズレ、予定粗利益率の下ブレを異常と捉えて翌月に必ず取り返す、というサイクルが根づいている。

不足感を生み出すあるべき姿を設定し、現状とのギャップ（不足）を、いかにトップだけでなく全社レベルで共有するかがポイントとなってくる。同時に、トップの意識も大きなポイントだ。トップが現状に満足し、不足感がなくなれば、危機感の維持も難しくなる。

3 短期目線では未来志向型企業になり得ない

年商二〇〇億円のある建設資材専門商社は、自己資本比率四〇％、実質無借金、売上高経常利益率四％の企業である。競合他社が一％前後の経常利益率を出すのがやっとの中、業界では高収益企業として名が知れわたっている。確かに、粗利益率は競合他社平均よりも二～三％高く、営業利益率も同様に高い。

私は、同社の経営会議に参加した際、高収益の理由を探してみた。すると、役員・幹部が、部門別利益（粗利益・営業利益・経常利益）と一人当たり粗利益額（同社では「パーヘッド粗利益」と呼び、二〇〇万円を最低基準に設定）に徹底的にこだわる社風があり、それが経常利益率四％を維持・実現していることがよく分かった。

部門長である幹部は、これらの目標数値を追求するに当たり、自己責任意識を高く持ち、管理会計による部門利益とパーヘッド粗利益にこだわっている。具体的には、粗利益率の高い商品拡販による粗利益率向上と、管理可能な販売費・一般管理費のコストマネジメントを徹底することにより、営業利益率の向上を図っているのだ。部門長の「利益への意志」を高めるのに良い仕組みとなっている。

しかし、同社からのコンサルティング依頼の背景にあったのは、成長性が横ばいで社員の高齢化も進み、一〇年後を見据えると厳しい状況になるとの危機感であった。確かに、社員の平均年齢は四〇代後半で、営業幹部の平均年齢だけを見ると五〇代半ばであり、営業幹部は一〇年以内にほとんど定年退職する状況にあった。

そこで、営業幹部メンバーの数名に個別インタビューを実施した。

すると、若い社員を育成し、戦力化するには時間がかかり、その育成期間は部門営業利益率が下がるため、積極的に若い社員を採用・育成することができない。また、現ベテラン戦力人材も、自分の数字を落とさないために、若い社員を育成する手間がかけられないという悪循環に陥っていた。

さらに、同社が新たなマーケットを創造するための戦略商品を投入しても、粗利益率が同社の平均値を少しでも下回る商品は、部門長や営業メンバーが積極的に販売せず、会社として決めた戦略商品を育成できないでいた。結果として、新規開拓は行いつつも、既存商品を販売するにとどまってしまい、新たなマーケットを創造できず、成長性が横ばいのままとなっていたのである。

また、取締役メンバーは、先代社長から「まず目先の業績を上げれば、将来の収益・財務基盤も盤石になる」と教えられていた。同社の管理会計システムには、先代社長から受け継がれた意思が反映されており、取締役も目先の単年度業績志向が強く、五年後、一〇年後のことを議論する機会が少なかったのだ。

そこで同社の現社長と議論を重ね、現状の管理会計システムを生かしつつ、中長期的な人材投資と戦略商品拡販のため、管理会計のルール変更を行った。

具体的には、パーヘッド粗利益額管理を廃止し、目的別コスト管理ができるように、従来使っていた管理会計表（**図表2**）の経費項目を細かく分けた（**図表3**）。特に、未来に向けた発展コストとして新人・若手の人件費枠を設け、使用してもしなくても、人件費相当の月額数十万円を差し引くとした。その結果、枠を使わなくても費用として差し引かれるため、積極的に使った方が良いと考え、新人・若手の採用が活発化した。

また、会社が決めた戦略商品については、販売数量に応じて、粗利益率の数%を商品部の粗利益から補填する方式へと変更。戦略商品の販売が自部門の経常利益額（率）に貢献するようにした。

さらに、発展コスト（新人・若手の採用と育成）や戦略商品によって、部門利益（粗利益、営業利益、経常利益）を達成している部門長が評価されるようにした。

図表2　従来の管理会計表

	A 部門					B 部門					合計				
	実績	目標	対目	昨年	昨対	実績	目標	対目	昨年	昨対	実績	目標	対目	昨年	昨対
売上高															
売上原価															
粗利益															
粗利益率															
人件費															
販管費															
営業利益															
本社費															
経常利益															

図表3　目的別コスト管理と発展コスト活用および重点戦略商品拡販のための管理会計表

		A 部門					B 部門					合計				
		実績	目標	対目	昨年	昨対	実績	目標	対目	昨年	昨対	実績	目標	対目	昨年	昨対
売上高																
粗利益																
部門直接コスト	営業コスト（人件費含）															
	事務コスト（人件費含）															
	発展コスト（新人・若手採用人件費）															
	管理可能経費															
	管理不可能経費															
営業利益																
重点商品粗利益戻し																
本社費																
経常利益																

短期的にどれほど優秀な企業であっても、長期目線で先を見据えた対策を打たなければ、成長発展を続けていくことはできない。短期目線だけでは、未来志向型企業にはなり得ないのである。

4 「成長の一・三・五の壁」を先手・先行でつぶす

タナベ経営では、コンサルティングの臨床事例から導き出した経営原則として、「成長の一・三・五の壁がある」と提唱している。そして、これを危機感として捉え、先手・先行でつぶすことが、堅実な成長につながると提言している。

単に自社を伸ばそうと思っても、成長の壁に突き当たり、思うように伸びないものである。特に、成熟マーケット下では、その壁がより高く感じる。しかし、「転ばぬ先の杖」のごとく、あらかじめ伸びる条件を整備すれば、比較的、壁を突き破りやすくなる。

年商規模による企業の分類は、業種・業態などによっても異なるが、ここではメーカーを基準とする。年商五億円未満を小企業、年商一〇億～五〇億円未満を中小企業、年商五〇億～一

○○億円未満を中企業、年商一○○億～三○○億円未満を中堅企業、年商三○○億円以上を大企業として分類し、成長の一・三・五の壁について述べる（**図表４**）。

ちなみに、流通・商社の場合、メーカーの二倍の年商規模が、小企業、中小企業（以下略）の分類となる。

①中小企業は「マネジメントの壁」「販売・開発の壁」

年商一○億円の壁は「マネジメントの壁」といわれ、個人商店体質、すなわち、ワンマン経営からの脱却を意味する。創業経営者は、この壁で足踏みすることが多い。

創業経営者は、年商一○億円くらいまでは自社の隅々まで目が行き届く。だが、一○億円を超えて三○億円を目指すには、価値判断基準が自分（トップ）に限りなく近い、右腕・左腕となる幹部クラスの人材の育成が必要である。そして、その幹部クラス人材へ権限を委譲し、方針管理や会議制度の型決めによって効率化を図るなど、組織経営を行っていかなければならない。また同時に、組織のパワーを集中動員し、最大化させるための中期ビジョンの策定も重要だ。

年商三○億円の壁は「販売・開発の壁」といわれ、自社開発機能であるマーケティング力の

図表4	成長の1・3・5の壁と企業規模別の打つべき手

年商規模		人員	成長規模の壁（テーマ）	打つべき手
メーカー	流通・商社			
5億円未満	10億円未満	20名未満	リーダーシップの壁	①品質レベルの向上 ②基本ルールの導入 ③トップの補佐役づくり ④外部ブレーンづくり（税理士、弁護士など）
10億円以上	20億円以上	40名以上	マネジメントの壁（個人商店体質からの脱却）	①取扱商品・サービスの見直し ②求心力と一体感づくり、社是・経営理念の設定、中期ビジョンの確立 ③権限委譲とマネジメント体制の確立、方針管理・会議制度の型決めによる効率化
30億円以上	60億円以上	100名以上	販売・開発の壁	①自社開発機能の強化（自立型事業強化） ②全国マーケットの開拓 ③海外マーケットへの挑戦
50億円以上	100億円以上	150名以上	経営自立化の壁	①自社ブランド商品・サービスの確立 ②事業の多角化と販路拡大 ③事業構造の見直し ④スペシャリスト人材の採用・登用 ⑤株式上場（内部監査制度の確立、諸規定類の整備など）の検討
100億円以上	200億円以上	300名以上	スタッフ充実の壁	①経営のペンタゴン（開発・生産・販売・管理・財務）戦略の実践 ②役員クラスのレベルアップ、外部ブレーンの活用 ③全般経営責任と部門経営責任の明確化
300億円以上	600億円以上	500名以上	ストック経営とグローバル化の壁	①ストック重視の経営（人材・資金・技術など） ②キャッシュフローによる投資効率分析 ③資本戦略のグローバル化 ④海外戦略（現地化戦略）

向上が必要である。

誤解してはならないのが、自社開発機能はメーカーのみに必要というわけではなく、あらゆる業種にとって必要なものであることだ。例えば、サービス業なら他社と差別化・差異化を図れるサービス開発や、外食業なら業態開発といった自社開発機能である。

この機能がないと、三〇億円の段階で次の壁を突破する成長エンジンがなくなり、伸びが鈍化する。

トップが、開発機能に経営資源を配分できるかどうかがカギである。

②中企業は「経営自立化の壁」

年商五〇億円の壁は「経営自立化の壁」だ。自社ブランド商品・サービスによるファーストコールカンパニー化（顧客から一番に選ばれる会社づくり）や、事業の多角化によるリスク分散を図り、環境変化に強い、強固な事業基盤をつくることが求められる。

内部管理体制面では、中堅幹部人材の育成強化や、スペシャリスト人材の採用・登用などを積極的に行うことが必要である。また、中企業として組織・人事の諸規定やルールの整備をし、企業としての体制を強化できれば、株式上場を視野に入れることも可能となる。

③中堅企業は「スタッフ充実の壁」

年商一〇〇億円の壁は「スタッフ充実の壁」といわれる。経営のペンタゴン（開発、生産、販売、管理、財務）のバランスが重要となり、5つのうちどれか1つでも弱ければ成長が阻害される。

また、役員クラスのレベルアップも求められる。役員の全般経営責任と部門経営責任を明確にし、戦略推進力を強化することも必要だ。

さらに、オーナー企業の場合は、株式上場の有無を問わず、中小企業の悪い面であるワンマンコントロール体制のまま、中堅規模になっていることがある。また逆に、大企業の悪い面である、縦割りのお役所仕事的な体質を持っていることも少なくない。これらの悪い面をなくさなければ、真の中堅企業とは言えない。

④大企業は「ストック経営とグローバル化の壁」

年商三〇〇億円の壁は「ストック経営とグローバル化の壁」といわれる。このレベルにおいて留意すべきことは、ストック重視の経営を貫くことである。

具体的には、資本生産性や設備生産性など、中堅・中小企業ができないような投資効率の極大化をすることだ。また、グローバル化においては、資本戦略や現地化といった本格的なグローバル戦略の展開が求められる。

5 変化の速い環境こそ中期経営計画が必要

「経営は意志であり、思想である」といわれるように、トップに実現したい意志と思いがないと、企業は目標を持たない組織になる。言い換えれば、実現したい意志と思いを込めたビジョンを明確に示さないと、いくら社員が一生懸命に働いても、目標にはたどり着かないということだ。特に、大企業に比べて経営資源が乏しい中堅・中小企業は、重点・集中化が図れず、成果も中途半端なものになってしまいがちである。

経営は「ゴールのない駅伝」だ。たすきをつなぎ、永続的に成長発展を遂げるには、存在理由たる経営理念を掲げ、その実現に向けた目標となる中期ビジョンを示す必要がある。そして、そのビジョンを中期経営計画というストーリーで「見える化」し、社員の日常の行動を同じ方向に向かわせなければならない。

リーマン・ショックや東日本大震災といった予想もつかないリスクが発生し、グローバル競争が厳しさを増すなど、マーケットの変化のスピードが速い現在、「中期経営計画は不要だ」と言うトップもいる。しかし、変化のスピードが速いからこそ、目先の変化に惑わされず、ブレない経営を実践する必要がある。

ある中堅規模の総合建設会社は、長年の建設需要低迷を理由に中期経営計画を一〇年間策定せず、単年度経営計画のみを実行してきた。エリア内の建設需要が減少する中、同社は競合他社が減収傾向にもかかわらず、エリアにおける受注争奪戦を勝ち抜いて売上げ微増を維持。利益率を落としながらも、なんとか利益を確保してきた。

しかし、中期経営計画を策定していなかったため、中期的な視点に立った成長エンジンの創造ができておらず、社員は長引く受注争奪の消耗戦で疲弊して、社内が不活性な状態に陥っていた。

また、中期的な観点からの投資戦略も策定していなかったため、為替変動や株高、民間の設備投資意欲の改善による需要増に対する商品・サービス開発などが後手に回っており、需要取り込みの機会を損失することも多かった。

ここにきて、ようやく同社は中期経営計画の重要性を再認識し、経営者・経営幹部が中心となって中期経営計画を策定している。

同社の轍《てつ》を踏まないためにも、中期経営計画策定の意義を再認識し、効果的に活用して成長し続けていただきたい。

6 中期経営計画の意義

では、中期経営計画の意義とは何か？ それを次に示そう（**図表5**）。

（1）成長力強化（永続的発展の支援ツール）

永続的な成長発展を支援するツールとしての中期経営計画には、次の三点の効果がある。

図表5　中期経営計画の意義

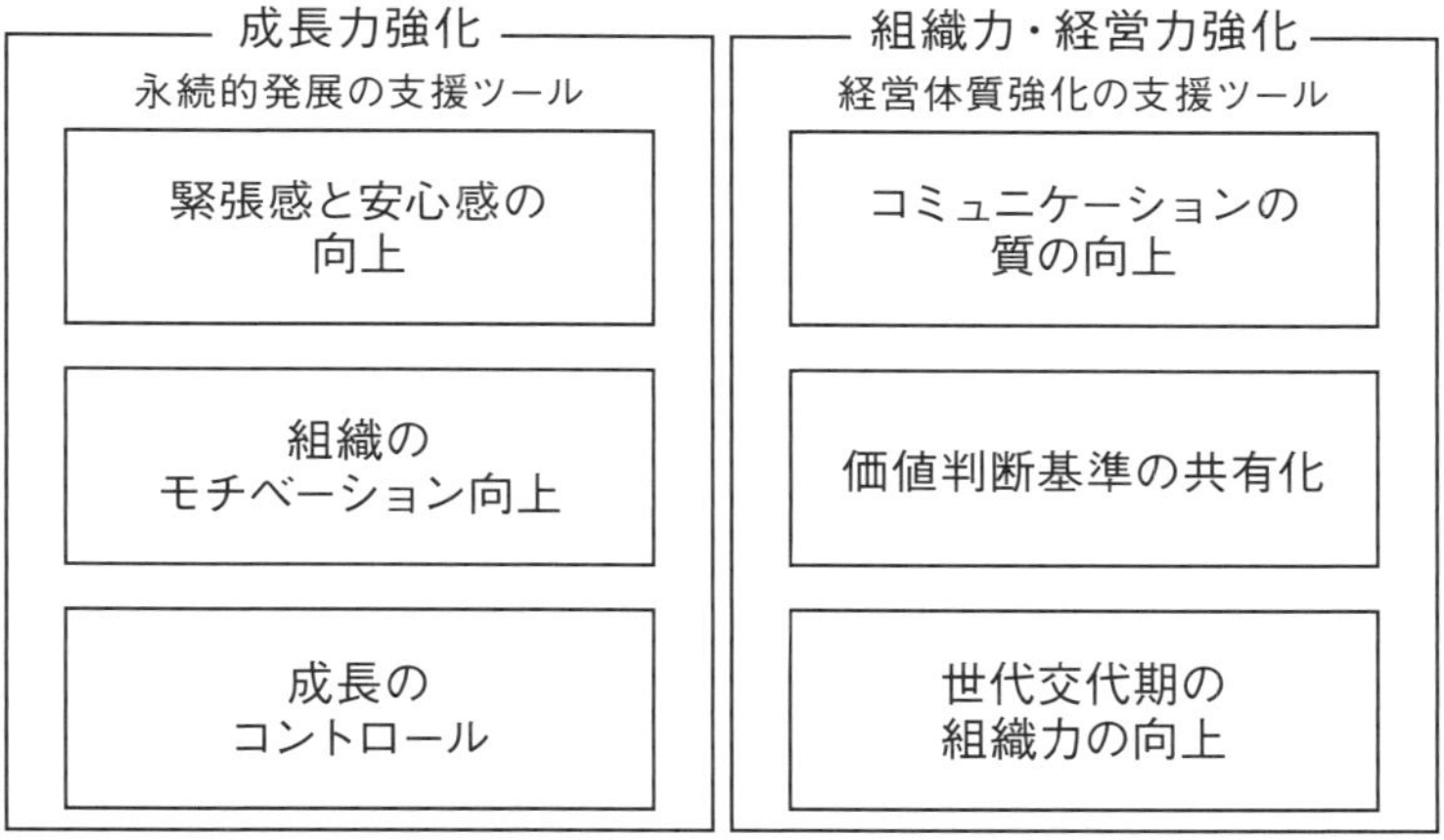

①緊張感と安心感の向上

経営陣がステークホルダー（顧客、従業員、株主、取引先、地域社会、行政機関など利害関係者）に対して中期経営計画を発表することを通じ、目標達成の有言実行を目指して緊張感を高められる効果がある。

また、中期経営計画を明確な成長ストーリーで描くことができていれば、今後の発展の裏づけとなり、経営陣の安心感にもつながる。先が見えない時代だからこそ、道なきところに道を開いていくのである。

②組織のモチベーション向上

目標（ゴール）が明確で、かつ社員から納得感を得られている中期経営計画は、社員のモチベーションアップにつながる。

組織が一丸となって目標を達成するには、集団心理のコントロールが欠かせない。中期経営計画の納得度と、それに対する社員のモチベーションが高いほど、計画達成の可能性も高くなる。

③成長のコントロール

組織全体が同じ方向を向く効果に加え、四半期や半期といった一定の期間で中期経営計画の進捗をチェックすることにより、短期業績だけでなく、中期経営計画を推進する意識の向上を図ることができる。また、進捗に遅れが出ている事項の軌道修正も可能となる。計画と現状のギャップ認識は、まさに成長のコントロールツールとなる。

（2）組織力・経営力強化（経営体質強化の支援ツール）

組織力・経営力を向上し、経営体質の強化を支援するツールとしては、次の三点に留意して効果的な活用を図るとよい。

①コミュニケーションの質の向上

中期経営計画の策定を通じて、経営陣・幹部・社員が成長について対話する機会が増える。これは、コミュニケーションの量・質ともに向上することを意味する。「できない」「やれない」ではなく、どうしたら実現可能かというポジティブな対話に主眼を置き、コミュニケーションの量・質の向上を図ることができる。

②価値判断基準の共有化

中期経営計画の策定を通じて、「何が起きているか」「何が本質的課題か」「何をやるか」の価値判断基準が統一できる。また、幹部や社員が、経営陣の価値判断基準を学ぶ場にもなる。価値判断基準が高まれば、社内に正しい危機感が醸成され、経営力が向上する。

③世代交代期の組織力の向上

カリスマトップや現経営体制の世代交代期において、中期経営計画は次世代メンバーの心のよりどころとなり、求心力を高めることができる。

また、中期経営計画の策定は、次世代の役員候補メンバー育成にも効果的である。次世代メンバーの意思を固め、組織力の向上を図れるからだ。

7 中期経営計画策定における4つの目的別ポジショニング

(1) 中期経営計画の策定方法を目的によって変える

成長を続ける未来志向型経営のための「中期経営計画策定における4つの目的別ポジショニング」について述べていきたい。この4つの目的別ポジショニングは、策定のテクニックではなく、策定メンバーのレベルと、戦略の方向性が見えているか見えていないかという現状によって、どのタイプ（型）で策定を進めるべきかを示すものである。策定方法を間違えれば、満足できる成果目標を得られなくなってしまう。

4つのポジショニングは、**図表6**の通り、縦軸と横軸で切ると分かりやすい。縦軸に「推進力強化」と「人材育成」をとり、横軸に「戦略構築」と「戦略認識」をとって考える。

「推進力強化」とは、中期経営計画策定後の実行推進力の強化を目的とし、策定メンバーに実行責任まで負わせるもの。

「人材育成」とは、中期経営計画の策定を通じた人材育成を目的とし、中期経営計画の実現可能性や実行責任を問わないものである。

「戦略構築」は、現段階では戦略の方向づけが難しく、戦略構築そのものの難易度が高い場合である。例えば、環境変化が速くて先行きが読めない、成熟マーケットで自社の競争優位戦略がなかなか見いだせないといったケースだ。

「戦略認識」は、トップが明確に中期戦略を方向づけており、その戦略を具体的に策定するメンバーの理解度の向上や、戦略に沿った展開ストーリーを設計する場合のことを言う。

次に、4つの目的別ポジショニングから、中期経営計画策定のメンバー編成や進め方のポイントを順に説明する。

①推進構築型（A）
現経営幹部メンバーに戦略を立案させ、実行責任も負わせる

策定メンバーに実行責任を負わせ、かつ戦略の方向づけも行う、難易度の高いタイプであり、策定メンバーへの負荷が最も大きい。現経営幹部を中心にメンバーを編成することが望ましい。

図表6　中期経営計画策定における4つの目的別ポジショニング

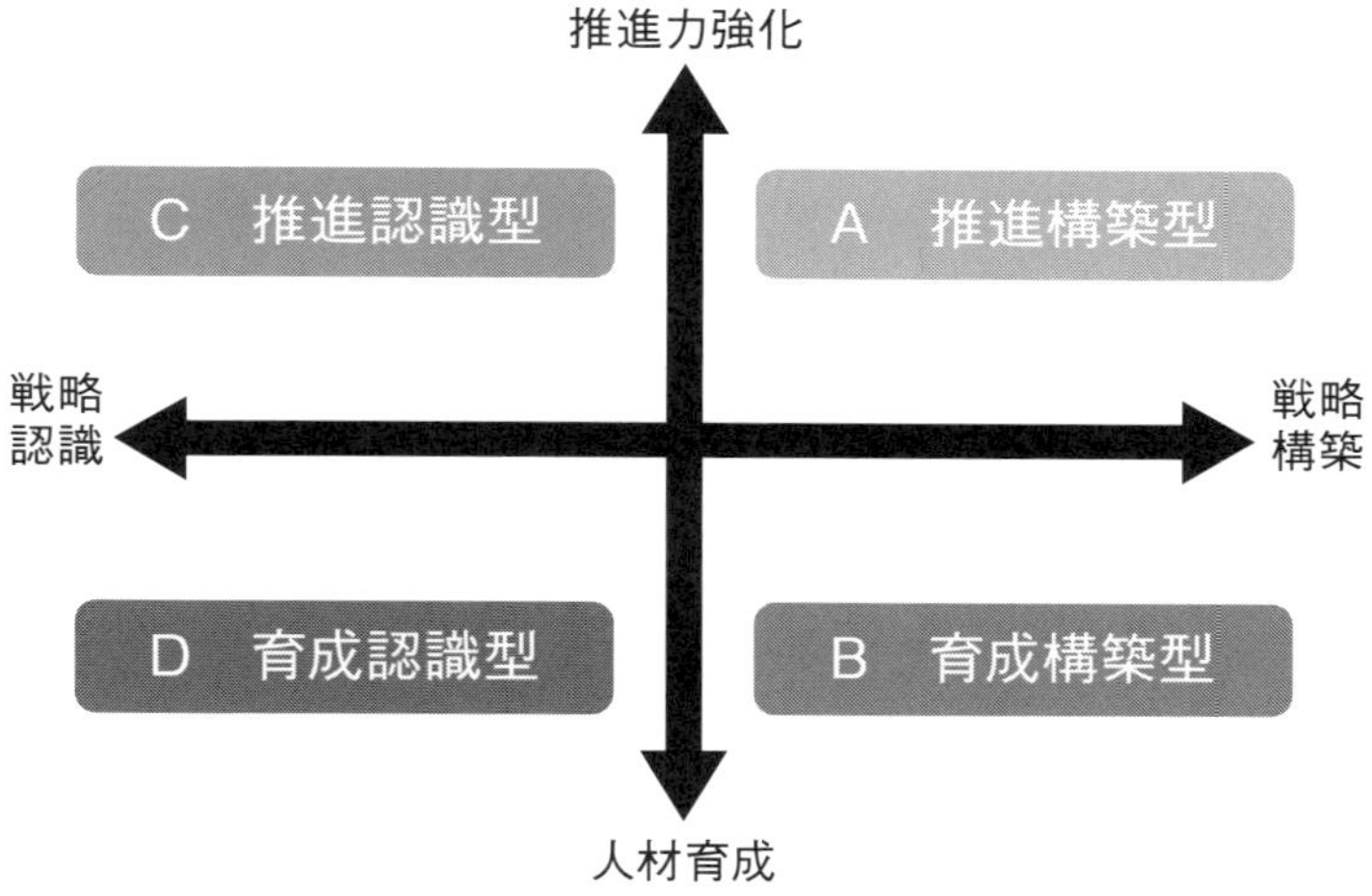

トップ自身も戦略の方向づけについて悩んでいるケースが多いため、策定メンバー任せにせず、トップが策定プロセスにも関与しながら内容を理解し、策定の途中で戦略判断を一緒に行う必要が出てくる。

課題は、既存事業の延長線上の戦略になってしまわないようにすることだ。既存事業を熟知している現経営幹部メンバーが中心となって戦略を構築するので、そうなりやすい。これを防ぐため、議論するテーマや意思決定項目に偏りをなくすよう、あらかじめテーマや項目を整理する必要がある。

また、計画推進において新たな役割や事業が生まれる場合には、誰がやるかという場面において、自己防衛の気持ちから急にトーンダウンしないように、推進担当者は最後に決めることを推奨する。

②育成構築型（B）

次世代経営幹部メンバーを戦略リーダーとして育成する

策定メンバーに実行責任は負わせないが、戦略の方向づけをさせるタイプである。メンバーには自由な発想で議論をさせ、戦略リーダーとしてのスケールアップを目的とする。よって、既存事業を熟知した現経営幹部メンバーよりも、次世代の経営幹部候補者から策定メンバーを選ぶ。

ただし、実行責任を負わないから現実離れした内容であってもよいということではない。明らかに現実離れしたテーマについては、策定の途中でトップや現経営幹部が軌道修正する必要がある。そのため、策定案について取締役会などからアドバイスを行うとよい。

自由な発想から生まれた戦略テーマは、取締役会で承認してすぐに推進体制を整備し、実行していくと、策定メンバーのモチベーションアップにつながる。さらに、実行責任は負わせないものの、策定後に優秀なメンバーを経営幹部へ登用し、実行推進の責任者にすると、推進力が向上する。

③推進認識型（C）
現経営幹部の戦略認識力と実行推進力を強化する

現経営幹部を策定メンバーとし、実行責任を負わせるが、戦略の方向づけや戦略テーマはトップが構築し、策定メンバーの負荷を少なくするタイプである。

このタイプをとる企業のトップは優秀であることが多い。策定メンバーには、トップが打ち出した戦略テーマを正しく認識させ、戦略を具体的に展開するストーリー設計を中心に議論させる。

ただし、ストーリーを設計するに当たって、トップが示した戦略テーマに制約条件が多く、実現が不可能な場合もある。その際は、それを受け入れるトップの柔軟な姿勢も重要だ。ワンマンで成功体験が多いトップほどこれを受け入れられず、策定メンバーの信頼感を失うこともあり得る。

策定メンバーが戦略展開ストーリーを中心に議論することで納得感が高まり、推進力も上がることになる。

④育成認識型（D）
次世代経営幹部の育成を目的とする

次世代経営幹部を策定メンバーとし、実行責任を負わせず、戦略構築の負荷も少なくするタイプである。社内ビジネススクールなど、次世代を担う人材育成の仕組みとして取り組む。

中期経営計画としての完成度は低くなるが、次世代経営幹部メンバーの育成ツールとしての役割を果たすことになる。この場合には、策定メンバーの強化すべきスキルを踏まえたテーマを設定する、知識をインプットする講義やケーススタディーも盛り込むなど、事前準備が必要になってくる。同時に、次世代の経営幹部人材を発掘する場としても有効活用できる。

以上、中期経営計画策定における4つの目的別ポジショニングから、目的に合わせて中期経営計画を策定・活用する方法を述べた。

未来志向型経営にとっては、真に自社の未来を考える人材を何人つくることができるかが成長条件になる。中期経営計画の策定を通して、「未来志向型人材」をより多くつくっていただきたい。

8 正しい危機感を共有し先行業績を創造する

経営環境は日々変化し、環境変化のスピードはますます速くなっている。当然ながら、企業経営にもこれまで以上に速いスピードでインパクトを与える。

今日の繁栄は過去に打った手立ての結果であって、今日の結果は未来を保証するものではない。その危機感に立脚し、絶えず先見力を持って環境変化の中からチャンスとリスクを読み取り、実行すべきことを決め、それを確実に素早くやり切ることが、トップには求められる。未来の繁栄のために今から手を打つ未来志向型経営が必要ということだ。

未来志向型経営を実現する方法として、タナベ経営では、コンサルティングの臨床事例から導き出した「業績先行管理システム」を推奨している。過去の指標より先行の指標を重視して業績を計画的に創造していく――つまり、業績をマネジメントしていく仕組みである。このシステムのポイントを三点、次に述べる。

(1) 業績の先行累計差額を押さえる

先行期間を設定し、その期間の業績目標と、先行で読める業績の先行累計差額を押さえることが第一ボタンとなる。

毎月の業績目標から確定および見込みの業績を差し引き、三カ月、六カ月、一二カ月といった先行期間で累計して、同期間の目標業績の累計との差額がいくらかを把握する。

ただし、先行で見るべき期間は業種によって異なる。建設業なら一二カ月、メーカーなら六カ月、卸売業なら二～三カ月が目安である。また、契約・内定・リピートの確約など、どの段階を見込み業績として読むのかは、各企業で設定する必要がある。

ある中堅規模の産業用大型機械メーカーの事例を紹介しよう。

同社は、業績の先行累計差額が誰でも分かりやすいように工夫することで、全社員の意識を高め、危機感を醸成させる「先行体質づくり」を行って、一二カ月の業績先行管理を社内に定着させている。具体的には、社内掲示板に「業績先行カレンダー」を貼り出し、業績が目標に対してどれだけ先行しているかの「見える化」を図っている。

例えば、一年間の経常利益目標が三億六五〇〇万円だとすると、一日の利益目標は三億六五〇〇万円を三六五日で割った一〇〇万円となる。

仮に今日が一〇月一五日なら、四月一日を期初とする会社ではすでに一九八日が経過していることになり、今日時点で一億九八〇〇万円の経常利益を出していなければならない計算となる。また、もし現時点で三億円の経常利益が読めていれば、すでに三〇〇日分を達成していることとなり、業績先行カレンダー上の〝今日〟の日付は一月二五日となる。

同社では「業績先行カレンダーが最低三カ月先行していないと危機的状況である」ことを判断基準として共有化しており、全社員が高い意識を持って業績について会話する社風が根づいている。

(2)差額対策は時間軸を考慮し、「種まき」「育成」「刈り取り」対策を同時に打つ

業績の先行累計差額を押さえたら、次は差額対策である。対策を打つ上では、受注確定までの期間が長い業種と短い業種があるため、自社の期間はどれくらいかを押さえる必要がある。

また、建設業や大型機械メーカーなどは、受注が確定しても施工や生産のリードタイムがあり、受注と売上げの計上時期が大きくズレる。よって、受注確定までの期間や納期が長い業種は、翌月の差額対策を今月に打っても、翌月に売上げを計上することは難しい。

そこで時間軸を考慮し、「種まき」「育成」「刈り取り」に分けて、3つの対策を計画的に打つことが必要だ。種まきは顧客創造や既存顧客からの情報発掘活動、育成は受注内定に向けてのランクアップ活動。そして、刈り取りはクロージング活動となる。

また、差額対策として打った手は、全てが売上げに貢献するとは限らない。受注成功打率も考慮する必要がある。例えば、三カ月後の先行累計差額が一億円で、受注成功打率が三割なら、三倍である三億円の差額対策を打たなければならない。

拠点を数多く持つ、地域密着型でエリアナンバーワンの住宅・不動産会社の事例を紹介しよう。

拠点が増えると、拠点長の格差が拠点の業績格差となるのは、拠点を多く持つ企業の課題であり、同社も同様の課題を抱えていた。そこで同社は、業績差額対策を型決めし、それを愚直に実行すれば業績格差がなくなるのではないかと考えた。そして、業績が良い拠点の対策を分析し、それを活動レベルで型決めすることにした。

種まき対策は、店舗内イベントやショッピングセンターなど集客場所での出張イベント開催、住宅完成見学会といった、新規情報発掘のための行動対策項目を用意すること。育成対策は、見積書の提出や、営業担当者・工事担当者が同行する二者または三者面談などによって、ランクアップを目指すこと。刈り取り対策は、拠点長の同行などによるクロージング行動対策を中心とした。

つまり、差額対策は行動レベルで型決めし、それを当たり前のように実行することが重要なのだ。今月の種まき・育成・刈り取りの各対策を、誰が、いつまでに、何を行うかを明確にすることである。

また同社は、刈り取りばかりに注力すると、将来の刈り取り先がなくなることを認識し、「差額対策3原則」として、3つの対策を毎月バランス良く実施することを徹底している（**図表7**）。

（3）業績を生み出すプロセスの先行指標を設定する

業績先行管理を確実に実行するためには、「先行思考」を高める必要がある。そして、先行思考を高めるためには、業績だけでなく、部門・個人レベルでプロセスの「先行指標」を設定することが必要になってくる。先行指標にこだわると、どうすればその指標を達成できるかという思考が根づき、そのための工夫やアイデアが生まれる。

例えば、メーカーを得意先に持つ卸売業は、通常、メーカーの購買部門を接点としている。しかし、「得意先の製品開発や生産計画の情報を何件持っているか」を先行指標に設定すれば、その情報入手が重要になるため、開発部門や生産管理部門との接点が必要となる。

図表7　ある住宅・不動産会社の業績先行管理表（3カ月）の例

	4〜9月累計			10月予想			11月予想			12月予想		
	目標	実績	差額	目標	実績	差額	目標	実績	差額	目標	実績	差額
売上高												
売上原価												
粗利益												
固定費 人件費												
固定費 その他												
固定費 計												
営業利益												
営業外収支												
経常利益												
経常利益(累計)												
差額対策				案件・商品	売上高	粗利益	案件・商品	売上高	粗利益	案件・商品	売上高	粗利益
刈り取り対策												
				刈り取り計			刈り取り計			刈り取り計		
育成対策												
				育成計			育成計			育成計		
種まき対策												
				種まき計			種まき計			種まき計		

←先行累計差額

1. 毎月、種まき・育成・刈り取りの３つの対策を打つ
2. ３つの対策が先行累計差額の3倍必要

故に、開発者向けの情報提供セミナーや大学教授への最新技術説明会など、ほかの卸売業があまり行っていない取り組みを実施するようになる。また、その情報に基づいて開発段階から提案活動を重ねることは、競合他社の排除にもなるため、受注成功打率も向上する。

先行指標とは、「社員の目を業績を生み出すプロセスに向けさせ、先行思考へと変える」ものである。先行思考を高めるために、何を指標とするかを工夫していただきたい。

業績先行管理システムは、小難しいマネジメントシステムではない。業績を安定させる当たり前の思考と行動である。社員自らが主体となって業績を創造することが、安定した業績につながるのだ。

第1章

「事業モデル」の革新

1 自社の事業コンセプトの現状認識

事業モデルを革新するに当たっては、まず、自社の事業コンセプトを再確認する必要がある。あるべき姿と課題を、

①主力商品・サービスが提供する真の価値
②真の顧客
③創業の精神
④地域や社会に対する貢献
⑤求めるべき人材像
⑥ステークホルダーとの関係における適正利益

という6つの視点で押さえることからスタートする。

まず一点目に、「主力商品・サービスが提供する真の価値」を押さえる。

社歴が長い企業は、当初は卸売業であってもメーカー機能や小売り機能を持つことによって、業態を超える進化をしたり、新規事業が拡大し創業時の事業が縮小したり、主力商品・サービスや主力顧客が変わってきたりしている場合もある。そのため、創業時からの流れを見ていく必要がある。

二点目に、「真の顧客」の真のニーズは何かを再確認する。

価格競争が激化している昨今ではあるが、顧客が望んでいるのは、はたして価格の低さだけなのだろうか？　真のニーズとは顧客価値であり、その価値を満たすことが求められる。

また、ニーズ＝顧客価値を満たすために、自社の強みを高め、ニーズと一致させることが必要だ。さらには、業績をつくる日常の基本動作が自社の強みを磨くことと一致するのが理想的な形である。

三点目の「創業の精神」とは、創業の精神に立ち返り、先人が自社を創業したときの志や思いを再確認することである。

三〇年、五〇年と社歴を重ねているのは、存在価値がある証拠だ。会社の成長過程やその成長要因を分析することで、あらためて存在価値の本質を理解できることになる。また、創業の精神は経営理念に反映されている場合も多いため、その背景をしっかりと理解することだ。

四点目の「地域や社会に対する貢献」とは、事業の対象とするエリア（地域限定か、日本国内全域か、アジア全域か、全世界か）を明確にすることと、そのエリアに対し、事業がどのような社会的価値を持つものかを整理することから始まる。企業が稼いだ利益や納めた税金は、社会（エリア）に還元されるからだ。

より多くの人材を雇用し、より多くの給料を支払える会社は、事業対象エリアの住民の暮らしを支えている。企業は地域社会のモデル的存在となり、良い影響力を持つべきという使命を忘れてはならない。事業エリアおよび社会に対する使命を再認識する必要がある。

五点目の「求めるべき人材像」とは、経営理念を遂行・実現するためにどのような人材が必要なのかである。求めるべき人材像を明文化し、定義する必要がある。

明文化されていない場合は、自社が求める人材像を3～5つ程度のキーワードや文章で表現する。例えば、「失敗を恐れず、より困難な目標に挑戦し続ける人材」など、いくつかの表現に整理するとよい。

その結果、必要な人材に絞った採用と、求めるべき人材像とギャップがある人材の育成課題が明確になってくる。事業とは、必要な人を必要なだけ集め、事業目的を達成することでもある。

六点目の「ステークホルダーとの関係における適正利益」とは、自社の全ステークホルダーが適正な利益を得ていることだ。成長発展を続ける企業とは、自社だけが儲かっている企業ではない。ステークホルダーとWin-Winの関係を築いている企業である。

日本三大商人の1つ、近江商人の「三方よし」の精神、「売り手よし、買い手よし、世間よし」は、ステークホルダーとの理想的な関係を端的に表している。お客さま（買い手）に喜んでもらうことはもちろん、社会貢献ができてこそ良い商売であるという考え方であり、社会との関わりを重視する視点が含まれている。企業として現在でも学ぶべき点が多い。

永続的に「三方よし」の関係を築くためにも、値決めに対する意思を明確にし、適正利益を確保する必要があるという考え方を明示することが重要である。

ある中堅商社の事例を紹介しよう。

同社は、国内外の素材メーカーに代わって樹脂・ゴム・電線・金属などの最先端材料や素材のカタログを作成し、その素材や材料を紹介・販売することを強みとしており、常に先端情報の収集に努めていた。しかし、得意先が増え情報が集まるようになってくると、素材メーカーとの接点が少なくなり、創業時の強みが薄れて、コスト競争から抜け出せない状況となっていた。

そこで事業コンセプトの現状認識を行い、事業コンセプトを「次世代製品開発をワンストップで支援する材料・素材のソリューションパートナー」と再定義した。同社はこのコンセプト

図表8　事業コンセプトの再確認検討表

〈現状認識〉

1. 主力商品・サービスが提供する真の価値は？

あるべき姿	現状および課題

2. 真の顧客は誰か？

あるべき姿	現状および課題

3. 創業の精神は何か？

あるべき姿	現状および課題

4. 地域や社会に対する貢献は何か？

あるべき姿	現状および課題

5. 求めるべき人材像はどのようなものか？

あるべき姿	現状および課題

6. ステークホルダーとの関係における適正利益とは何か？

あるべき姿	現状および課題

〈決定的ポイント〉

1. 真の顧客と真のニーズは何か？

2. 自社の強みは何か？

3. 業績をつくる日常活動のあり方は？

〈一言集約〉

事業コンセプト

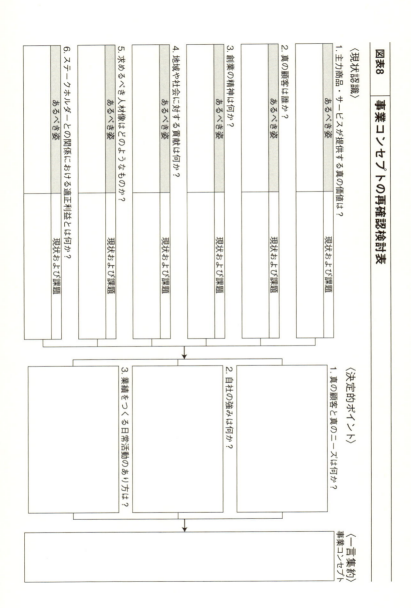

に従い、顧客価値を高めるために、最先端の材料・素材情報を集め、それをフル活用できる組織・体制や日常活動のあり方を見直している。

事業コンセプトを再確認する際は、**図表8**を使って検討するとよい。

2 既存ビジネスモデル革新を進める3つの問い

事業の歴史が長く、既存事業のマーケットが成熟している企業ほど、ビジネスの競争優位性を発揮しにくくなり、成長戦略も描きづらくなっている。「企業寿命三〇年説」は、事業のライフサイクルが三〇年であることから、そういわれるものだが、最近はそのライフサイクルがさらに短くなっているかもしれない。つまり、ビジネスモデルを革新できなければ、企業は成長が止まるか、衰退に向かってしまう。

ビジネスモデルの定義を再確認すると、「企業が行っている事業活動、もしくはこれからの事業構想を表現すること」であり、端的に表現すると「儲けを生み出すビジネスの仕組み」を指している。この仕組みが陳腐化すると、成長力や収益力が低下するのである。

図表9　ビジネスモデル革新検討表

項目	着眼	今まで		今後
		現状	問題点・課題	
誰に	真の顧客は？			
何を（価値）	新たな提供価値は？			
どのように（価値提供）	他社と異なる価値提供の仕方は？			

また、ビジネスモデルとは「誰に」「何を」「どのように」であるため、既存ビジネスモデルの革新を進めるに当たっては、次の3つの問いから革新の方向性を検討する必要がある。検討の際は、ビジネスモデル革新検討表（**図表9**）を活用するとよい。

問1「誰に」→真の顧客は誰か？
問2「何を（価値）」→新たな提供価値は何か？
問3「どのように（価値提供）」→他社と異なる価値提供の仕方は何か？

これらの問いを踏まえ、真の顧客の再設定、新たな価値提供や価値創造、そして、価値の提供の仕方を革新するポイントを詳しく述べよう。

（1）真の顧客を再定義する

真の顧客の再定義とは、これまで主力顧客であった「誰に」の「対象顧客を広げる」か、「対象顧客を変える」か、「対象顧客を絞る」ことによって、ビジネスモデルを革新することである。対象顧客を広げる場合、単にメーンターゲットを広げるだけでは、経営資源の分散につながり、効率が悪くなる場合がある。対象顧客を広げる成功例の1つとして、「ライフサイクル対応型ビジネスモデル」がある。

小・中学生向けの学習教室・塾を展開する企業が、乳幼児向けの体験型教室や絵本、高齢者向け住宅・介護サービスなども手掛けるといったように、顧客のライフサイクルに合わせて需要を取り込むビジネスモデルを展開することである。

対象顧客を変える際は、自社の固有技術をそのまま生かせれば、新たな経営資源の投資が少なく済み、展開もしやすい。例えば、オフィス用品を中心とする通信販売会社・アスクルは、文具業界に後発参入して苦戦したものの、成功した法人向け通販を個人向け通販に展開し、新たな顧客創造にチャレンジしている。

対象顧客を絞る場合については、後述する事業モデル革新の3つの視点の「深耕」の視点のうち、「特定分野・ターゲットの徹底深掘り」を参照していただきたい。

(2) 新たな提供価値を創造する

顧客の求めているものと自社の強みの接点が、自社の存在価値である。顧客との接点としての強みの競争優位性が高ければ、ビジネスモデルとしての成長力と収益力も高い。また、その接点は、言い換えると、自社の現在の提供価値でもある。成熟マーケットにおける提供価値の高さは、技術・品質などのハード面での価値も重要ではあるが、ソフト面の価値の優位性がビジネスモデルの強さを示すケースも多い。

新たな提供価値の創造とは、現在の提供価値を新たな視点で再定義し、現在の経営資源（不足している経営資源も含む）の再配分をしていくことだ。

例えば、日本サブウェイは、サンドイッチの中身が選べ、自分だけのサンドイッチをつくれることを特長として順調に成長してきた。しかし、店舗数が多くなるにつれ、徐々にハンバーガーチェーン店との差別化ができなくなり、競争力が低下した。そこで、トップを中心に提供価値を再定義し、3つの価値を磨くことで、「野菜を通じて日本人の健康寿命を延ばす」という新たなミッションと提供価値を創造したのである。

3つの価値とは、①野菜が多く栄養バランスの良い健康的なメニュー、②おいしさを提供するため、産地や原料にこだわった野菜・ドレッシング・パン、③好みに合わせたサンドイッチが目の前でつくられるという体験を提供することだ。

そして、その価値を踏まえ、「野菜のサブウェイ」という分かりやすいコンセプトを内外に発信。食材へのこだわりや、大型店ではなく小型の出店モデルへの変更といった施策を打ち、単なる〝サンドイッチ屋〟からの脱却を果たした。提供価値の革新により、成長力・収益力を高めた事例である。「新たなファストフード文化の創造を目指す」というトップの考えが、常に革新を続ける原動力になっている。

顧客が求めるものは、時代とともに変化する。特に人口動態や技術進化、法規制緩和など外部環境の変化によって大きく変わることが多い。この変化の兆候を顧客の視点から見極め、先手・先行で提供価値を再定義することが求められているのだ。

（3）他社と異なる提供方法を創造する

成熟マーケット下では、シェアトップ企業であっても、従来の販売ルート・チャネルのみでは、いずれマーケットの規模縮小に比例して売上げ減少を余儀なくされる。故に、競合他社も新チャネル開発として、インターネット販売や異業種との提携販売などの取り組みを行っている。そのため、単に新たな売り場をつくることのみにとどまらず、他社と異なる提供方法を開発し、新しいマーケットを創造することが、競争優位性を高めることになる。

少子化が進展し、小売店がオーバーストア状態の中、小売流通チャネルで販売される「流通菓子」の二〇一三年の市場規模は、前年度比九九・三％の一兆八六三八億円（矢野経済研究所調べ）と微減を続けている。そうした中、江崎グリコは、一一年ほど前から『オフィスグリコ』として展開する「置き菓子」販売システムでオフィスチャネルの開発を進め、都市圏を中心に成長を遂げている。オフィス内でのお菓子消費に着目し、残業時に手軽に小腹を満たせる仕組みを考え出したのだ。

導入当初、オフィスへの訪問販売はすでに敬遠されていたため、オフィスへの納品方式の「置き菓子」にしたという。代金回収は、お菓子ボックスの上に「カエルの貯金箱」を取り付けただけの簡易な方法だが、日本人の真面目な国民性もあって回収率は九五％と、メーカー直販の粗利益率を考えれば採算が合う。

同社は、菓子というモノを売るのではなく、オフィスで「小腹がすいたときにすぐ買える」という利便性はもちろんのこと、「あと、ひとふん張り」のツールとしての価値提供を行った。業界が伸び悩む中、他社と異なる提供方法の創造（チャネル開発）で成功した事例である。

「誰に」「何を」「どのように」の3つのうち1つを変えるか、全てを変えるか。革新のヒントは身近にあるものだ。業績が良いときに次の手を打つのが経営の定石ではあるが、良くも悪くも革新し続けなければ、ビジネスモデルは陳腐化する。自社の成長のためには、常にビジネスモデルを進化させたり、新しいビジネスモデルを構築し続けたりする必要があるのだ。

3 強いビジネスモデルの3つの条件

(1) 戦略優位性と進化力を持つ

強いビジネスモデルの条件の1つは、言うまでもなく、競合他社に比べ戦略優位性を持ち、その優位性を進化し続けることである。自社よりも資本力のある大手企業と、真っ向勝負をしても勝ち目はない。戦略の基本は、自社の強みをライバルにぶつけるか、自社の強みが発揮できる場で戦うことである。

提供価値を変えて戦う土俵を変えることや、提供方法を変えること、そして大手企業と異なるニッチなターゲットに絞ることも必要かもしれない。

大事なことは、競争優位性を見つけたら、それを進化させ続けることである。情報化社会において、良いアイデアは競合他社もまねをしてくるものだ。だから、現状に満足せず、常に強みを磨き、進化させることが必要なのである。

(2) 自社の強みをオペレーションへ落とし込む

競争優位性を日常のオペレーションに落とし込み、それを日常の基本動作として繰り返し徹底すること。それが継続できないと、競争優位性は薄れていくことになる。

ある中堅建材メーカーは、代理店を通じて工務店へ商品を販売しているが、代理店からの情報では、商品開発ニーズがなかなか上がってこない。そこで、営業メンバーは代理店への訪問よりも、エンドユーザーである工務店への訪問数を増やしている。

営業メンバーは、工務店の現場監理をする現場代理人から、現場での施工面における悩みを聞き、それを社内に持ち帰り、解決策を検討して、その解決策としての改良商品や新商品を現場代理人に提示する。

この行動は、同社では全営業メンバーが日常の基本動作として実施している。そして、その基本動作の中から新商品がいくつも生まれ、ヒット商品になり、差別化商品や粗利益率アップに貢献しているのだ。

同社の営業メンバーは、工務店にとっては良き相談相手であり、また、その相談内容を解決してくれるという意味で、なくてはならない存在価値を発揮している。この営業メンバーの営業活動は、当たり前のオペレーションとして、そして、まさに開発型メーカーのマーケッターとしての役割を果たしており、競合他社はなかなかまねができない。

(3) 安定的なベース売上高を持つ

本章で後述する「『ベース売上高』の視点」において詳しく述べるが、ビジネスモデルの強さは収益力の強さでもある。ビジネスモデルが競合他社と差別化できていても、スポット的な受注で売上げが大きく変動したり、ヒット商品が落ち込んだりして、業績が不安定であれば話にならない。収益力の強さは、ビジネスモデルの強さの証しなのだ。

業績を安定させるには、本業で定期的なベース売上高が必要である。保険・保証契約や保守契約、月ごとに役務提供する契約、契約はしていないが毎月・半年・一年ごとに販売する商品・

図表10　強いビジネスモデルの３つの条件

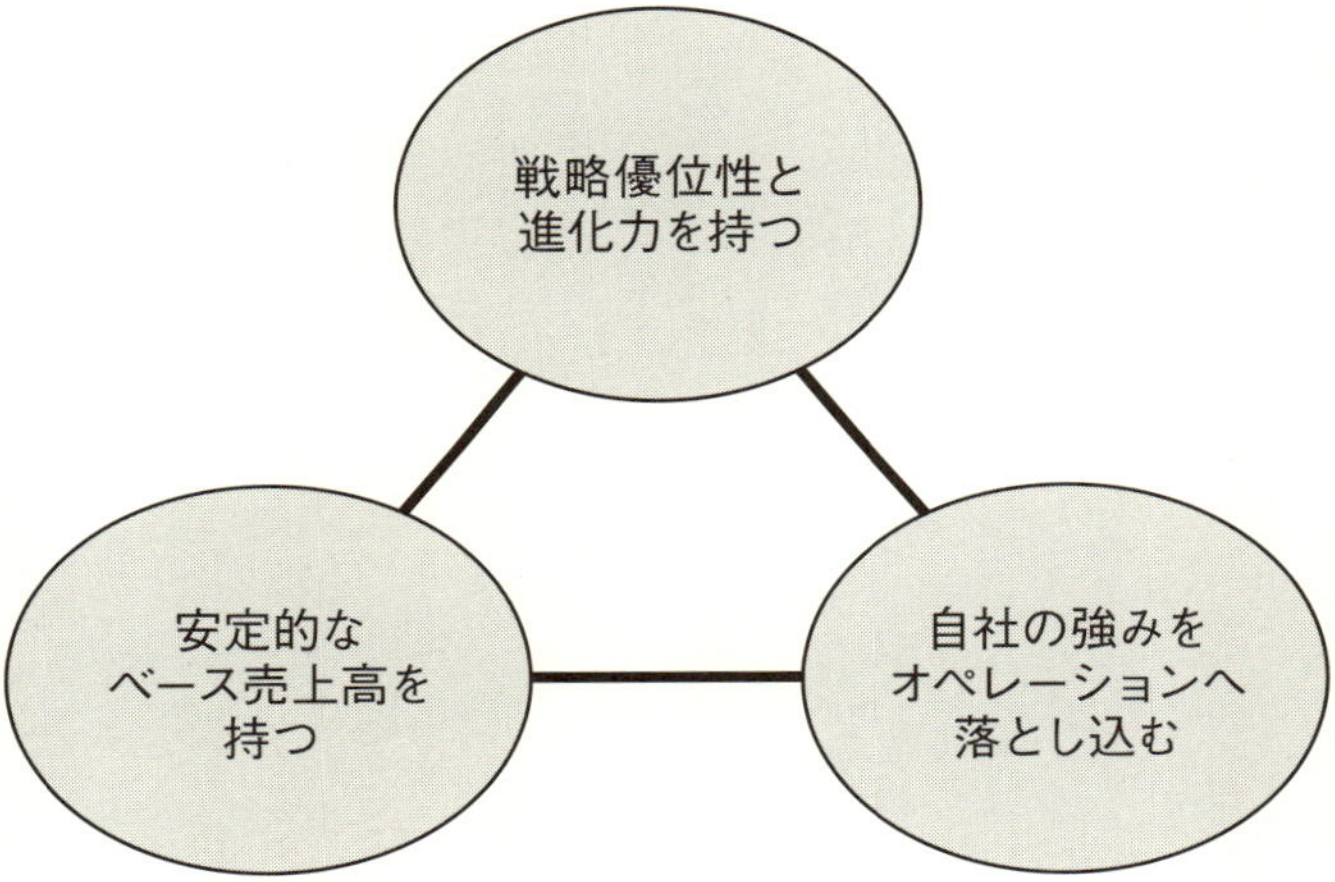

サービスなど、一度お付き合いするとリピート購入され、定期的なベース売上高として見込める商品・サービスを持つと業績は安定する。

これらの3つの条件を満たすビジネスモデルは、強いモデルといえる（**図表10**）。

4 成長目標から戦略設計を考える

通常、戦略を設計する際は、既存および将来予測を含めた業界需要分析や競合他社分析と、自社の経営資源分析による現状認識からスタートし、分析結果をもとに戦略を決定する。こうした原則通りのステップを踏む考え方も重要であるが、そうした考え方をすると、競争に打ち勝つための「競争戦略」が主体になる。そして、そうした戦略設計のみでは、競合他社とどう差別化するかという視点になりがちであり、業界内の発想から抜け出せない場合が多い。

そこで、成長戦略設計として、「成長目標設定」から入ることを、有効な方法の1つとしてお勧めする。

成長目標設定とは、「成長モデルをどうするか」「収益構造をどうするか」「粗利益率をどうするか」「売上高経常利益率をどうするか」といったことを決めることである。業界の常識を無視し、さまざまな視点でディスカッションをするとアイデアが出てくる。

例えば、「自社の業界は受注産業だが、受注型ビジネスから見込み型ビジネスへ転換し、安

図表11　成長目標の設定項目

	現在	中長期	施策
事業領域			
未来価値※			
ブランドポジション			
商品・サービス売上構成			
顧客（チャネル）構成			
投資回収基準			
キャッシュフロー			
粗利益（率）			
経常利益（率）			
その他（　　　　　　　　）			

※未来価値については序章を参照

定業績がつくれないか」「業界平均の粗利益率が二〇％なら、自社は三〇％の粗利益率にできないか」「業界平均の売上高経常利益率が一％なら、自社は五％にできないか」「事業コンセプトを変更し、従来の業界の一部と、成長が見込まれる他業界の一部を組み合わせて、競合他社にない新たな事業領域を確立できないか」、こういった視点で新たな成長目標を設定し、それを達成するための施策を考えてみることだ。

産業構造変化が起きている現在は、従来のビジネスモデルが陳腐化し、成長戦略が描けなくなっている。「成長目標」発想で新たな戦略設計にチャレンジすることだ（**図表11**）。

5 「深耕」「拡大」「逆説」の3つの視点からの革新

事業モデルには完成形がない。常に革新していかなければ、競合他社に研究されてしまい、競争優位性を持つ事業も陳腐化していく。発想・着眼点として、次に挙げる「深耕」「拡大」「逆説」の3つの視点から革新を考えてみたい（**図表12**）。

(1)「深耕」の視点

①特定分野・ターゲットの徹底深掘り

特定分野・ターゲットを絞り込むと、戦略・戦術が明確になる。大企業と比べて経営資源に乏しい中堅・中小企業にとっての戦略の基本でもある。

例えば、「女性→小学生のお子さんがいる女性→小学生のお子さんがいて、働いている女性」

図表12　事業モデル革新の３つの視点

「深耕」の視点	特定分野・ターゲットの徹底深掘り
	性能・機能＋ソフトの付加価値化
	顧客の立場になり切る
「拡大」の視点	業態を超える
	事業領域を再定義する
	揺りかごから墓場までの需要を取り込む
「逆説」の視点	世の中の流れと逆のことをする
	マイナスをプラスに変える
	〝不可能〟を可能にする

と絞り込むことによって、商品・サービスは明確になる。また、人口は全体には減少しているが、小学生の子どもを持つ働く女性の人口が増えていれば、その分野においては成長マーケットと捉えることもできる。

しかし、絞ることによってターゲット規模が小さくなるため、絞り込みに失敗したときのリスクも念頭に置かなければならない。ニッチトップ企業であるが、ニッチトップ分野にこだわりすぎて、マーケットとともに縮小傾向をたどっている企業も実際に多い。ニッチトップ企業は、第二、第三のニッチトップ分野づくりに取り組み、各ニッチトップ分野の「串刺しモデル」をつくり上げることが必要だ。

例えばユニ・チャームは、女性用の紙ナプ

キンで培った紙の技術をベースに、ベビー用、大人用、ペット用の紙おむつへと商品の幅を広げ、それぞれでグローバルなニッチトップ串刺し戦略の展開を目指している。

②性能・機能＋ソフトの付加価値化

成熟市場では、性能・機能が高いだけでは商品が売れない。ソフトの付加価値も商品の一部として提案しないと、顧客から支持されないのである。それどころか、むしろソフトの付加価値の方が重要な場合も多い。

したがって、自社が競合他社と差別化が難しい商品・サービスを扱っているのなら、それにソフト価値を付けて付加価値アップを図るか、全く異なった価値を創造することも必要だ。

③顧客の立場になり切る

顧客視点に立ち、顧客が本来行っていた業務を代行、または支援することにより、「顧客にとってなくてはならない存在」になることである。結果として、顧客はコア業務（機能）に集中することになり、効率化と生産性の向上が図られ、収益性も向上する。機能代行による利便性徹底追求型事業モデルとしての価値提供をすることである。

代表的な例として、物流業界に「3PL（サード・パーティー・ロジスティクス）」というモデルがある。これは、荷主が外部の専門事業者に対し、物流サービス水準の向上やトータルな物流コストの削減、変動費化を目的として、物流業務を一括して委託することである。

単なる作業として、輸送・保管といった個別業務を委託するのではなく、総合的な物流システムの設計・運営・管理までを、長期的な契約関係のもとで委託する。専門事業者が、荷主の戦略的パートナーとしての役割を担うものであり、荷主にとってなくてはならない存在価値を発揮することができる。

(2)「拡大」の視点

①業態を超える

比較的、利益率が高い企業は、従来の業態を超えて独自のポジションを確立している。「メーカー機能＋卸売機能」「卸売機能＋小売機能」「メーカー機能＋小売機能」といった業態で、流通段階におけるコスト構造に革命を起こし、顧客および協力関係にあるパートナー（仕入れ先・外注先）の収益性向上にも貢献している。ユニクロのＳＰＡ（製造小売）モデルは、その代表的な例である。

業態を超えた成功企業に共通するポイントは、企業または商品にブランド力があり、それが顧客から指名買いされる理由となって、競合他社との差別化ができていることだ。

②事業領域を再定義する

自社の事業領域のマーケットが縮小トレンドであれば、当然ながら競争は激化していく。圧倒的な差別化が図れていなければ、価格競争に巻き込まれることになる。

仏壇・墓石販売を行うある中堅小売業は、高齢化とともに市場規模は拡大しているが、競合他社の積極的な出店や葬儀社の参入、安価な墓石の海外輸入などにより、販売単価が下がってきた。そこで、競合他社との真っ向勝負を避けるために、墓地開発を手掛けることとした。

しかし、単に墓地開発をするだけでは、不動産業と変わらないので、墓地全体のコンセプトを「毎日お参りしたくなる花と緑に囲まれた公園墓地」として新たな価値を創造している。

その価値とは、①一年を通じて四季折々の花に囲まれ、小鳥がさえずり、明るく整備された公園のような環境空間の提供、②飲み物の無料提供、③納骨・法要を「愛する故人を送る大切なセレモニー」と捉えた、花と生演奏に包まれる心安らぐ供養の演出、④故人の思い出がつまった写真に演出を加え、思い出の映像としてＤＶＤ化し、それを法要の際に上映して故人をしのび語らう場を提供する、などである。

同社は、仏壇・墓地販売業にとどまらず、供養の気持ちを形にする感動企業として事業領域を広げている。

③揺りかごから墓場までの需要を取り込む

「揺りかごから墓場まで」とは、例えば、自社のメーンターゲットが「働く独身の女性」であれば、結婚、妊娠、出産、子育て、子離れした後の趣味、介護（親と自身）、葬儀（親と自身）など、ターゲット層の最初の接点からエンディングまでのライフサイクル需要を全て取り込んでいくことである。

前述した小・中学生向けの学習教室・塾を展開する企業のように、乳幼児向けの体験型教室や絵本、高齢者向け住宅・介護サービスなども手掛けることだ。

顧客に飽きられないよう常に新しい商品・サービスを開発し続け、一度お付き合いした関係性をベースに、適度な販促によって接点を持ち、商品・サービス提供時の顧客満足を高めながら関係性を維持し、顧客に合ったワンツーワンの提案をすることがポイントとなってくる。
また、「揺りかごから墓場まで」の考え方に近いのが「ワンストップ型事業モデル」である。ワンストップ型事業モデルとは、一カ所（一社または一グループ企業）で、その事業分野に関連するあらゆる商品・サービスを提供することで利便性を発揮し、顧客の囲い込みを目指す事業モデルを指している。

三カ所のエリアに特化し、認知症向けのグループホーム施設からスタートした中堅介護事業者。現在はグループホームに加え、介護付き有料老人ホーム、サービス付き高齢者向け住宅、通所介護（デイサービス）、短期入所生活介護（ショートステイ）、訪問介護（ホームヘルプサービス）、介護タクシー、鍼灸《しんきゅう》マッサージ、訪問理美容、配食、健康食品、介護旅行、介護保険などを手掛ける。つまり、全ての介護サービスを提供できるワンストップ型事業モデルづくりに取り組んでいるわけだ。

同社の売上高経常利益率は、1つのサービスに特化した事業モデルに比べて若干低いが、利益率を下げても、あえてワンストップ型事業モデルづくりにこだわっている。それは、成長業界であるとはいえ、競合他社が増えて差別化できなくなれば、いずれは事業競争力が低下し、マーケットから排除されるという危機感を持っているからだ。

よって、同社はワンストップ型事業モデルづくりを急ぎ、競合他社に対するエリア内への参入障壁を築きながら成長を続けている。

(3)「逆説」の視点

逆説の視点は、事業開発や商品・サービス開発を主とした革新となる。

次に着眼点を述べる。

①世の中の流れと逆のことをする

現在の情報化社会においては、成長マーケットがあれば皆が同じ方向に進み、成長マーケットが競争マーケット化する状況も見られる。「戦わずして勝つ」という言葉があるが、他社が気づかないホワイトスペースに一番乗りし、いち早く高シェアを確保できれば、ライバル企業に対して参入障壁を築ける。

「世の中の流れと逆のことをする」とは、まさにこのことであり、マーケットは大きくなくとも逆張りで勝負することができる。

例えば、価格競争を避けるために付加価値アップ戦略をとることは、経営の原理・原則であるが、逆に大胆な高単価政策を打ち出したり、業界では考えられない低コストを実現することが、これに当たる。

セグメントによってマーケットが小さくなる可能性はあるが、高シェアを確保し、値決めができるプライスリーダーにもなり得る。

②マイナスをプラスに変える

「ピンチはチャンス」と捉えて、マイナス条件をプラスに変えてビジネスに取り組むことも必要だ。立地が悪い、古くて価値がないなど、マイナスの要素を挙げれば切りがない。このマイナスを、発想を変えてプラスにすることだ。駅から離れていて立地が悪い→「隠れ家」「都会の中のオアシス」、古くて価値がない→「伝統がある」「本物」など、視点を変えればプラスにすることができる。

逆転の発想でピンチをチャンスに変えた事例として、ホテルランキングで上位ランクを獲得する、東京のあるシティホテルを紹介しよう。

設立当初、最大のネックとなった条件は、駅から徒歩一五分のビルという立地。従来とは全く逆の発想でホテルづくりを考えなければ、成功しないことは明らかであった。

そこで同ホテルは、コンセプトを「都会の隠れ家」とし、「大都会の片隅に」「こぢんまりとした」「静かな、大勢の人がいない」「自分の家のように落ち着ける」「何回も来たくなるような」ホテルと位置づけた。そのため、あえて全く宣伝をしない。部屋は高層階で眺望が良く、宴会よりも隠れ家としての宿泊がメーン。一階にはロビーがなく、駐車場から人目につかず直接ロビーに行けるようにした。

ターゲットは企業・団体ではなく、プライベートユース・女性・海外のエグゼクティブである。価格帯は、経営上、高価格路線にせざるを得ず、それに見合う設備・内装・運営・スタッフが必要であった。

内装は、香港在住の米国人デザイナーが全館を担当。コンセプトは「シンプル＆モダン」で、インテリアに直線の多い椅子を使うなど、非常に個性的である。宿泊室数は約一八〇室、一室の広さは標準で五五平方メートルと広い。

外国のような異空間、パーソナルなサービス、マニュアル化しないサービス、一対一のサービスを心掛けている。通常のホテルは、ＶＩＰの名前や車の番号を控え、特別扱いする場合が多い。しかし、同ホテルは「全てのお客さまがＶＩＰである」と考えており、その姿勢が顧客に受け入れられる結果となった。自分へのご褒美として利用する、若い女性の一人客も多いという。

③〝不可能〟を可能にする

これは「あり得ないことを可能にすることで顧客創造を図る」ビジネスモデルである。

例えば、中古本販売のブックオフコーポレーション創業者・坂本孝氏が二〇一二年に立ち上げた飲食店「俺のフレンチ」。「俺の」シリーズで、フレンチからイタリアン、割烹、焼き鳥などに展開した、低価格業態の外食業である。

同社の特徴は、ミシュラン星付き店舗で働いたシェフが、最高級の食材を惜しみなく使用しているにもかかわらず、料理を低価格で提供することである。接待で高級店に行ったことがある人にとっては、個人の財布で支払うのにちょうどよい価格となっている。当初想定した客層は三〇代、四〇代中心だったが、実際は二〇代後半から三〇代半ばの女性と、本物の味を知る五〇代の男性が多いという。

外食業界の常識では、食材原価率は三〇%が基準だが、同社は四五~六〇%台で利益が出る収益構造となっている。その原価率でも成り立つ収益構造を支えているのは、立ち飲み店方式と小型店舗方式で、高級店業態としては異例の一日三・五回転という高回転率である。通常は一回転で損益分岐点を考えるが、同社は三回転で収支計画を立て、低価格を実現している。

同社のビジネスモデルは、これまでの常識を変える「立ち飲みスタイルでの高級料理提供」である。好立地・高家賃での低価格ゾーン戦略で、空白を埋める事業モデル革新とも捉えることができる。

6 数字からの事業モデル革新

企業の一年間の〝成績〟は、言うまでもなく決算書に表れる。外部環境要因で業界が成長しており、その業界成長率と自社の売上げ・粗利益額の伸び率が同じなら、自力での成長とは言えない。一年間の成績が、他力要因ではなく、自力で業界の伸び率以上に成長できていなければ、本当の成長とは言えないのである。果たして、自社は意志を持った成長を遂げているだろうか?

もし現在、自力で成長できているとは言いがたくとも、がっかりすることはない。過去の数字は変えられないが、未来の数字は意志によって変えられるからだ。そのために今一度、自社の成果・業績をさまざまな視点から見直し、ＫＰＩ（重要業績評価指標：Key Performance

Indicators）として数字で押さえ、その数字を意志と行動で変えて、自社の事業を成長モデルへと革新していただきたい。

これが、未来の数字の変化を楽しむ「未来志向型企業」への第一歩でもある。

次に、成長モデル革新につながるＫＰＩ設定によって成長を目指す方法について提言する。

（１）「ベース売上高」の視点

①自社の売上げ特性を把握する

トップにとって、業績をいかに安定的に成長させるかは、永遠の悩みである。この悩みを軽減するために、まずは自社の売上げの特性を把握することが必要だ。特性を把握するのは簡単である。自社の売上げを、「スポット売上げ」と「ベース売上げ」に分類すればよい。

スポット売上げとは、得意先各社（個人）からの受注が不定期で、一度売上げが上がると次の受注までに長い期間がかかるものを指す。代表的な業種は、住宅・建設業や大型機械・設備の製造販売業などである。ただし、保守・点検といったサービスはベース売上げになるので、全てがスポット売上げである会社は少ないかもしれない。

一方、ベース売上げとは、一度契約をすると毎月（あるいは短期間に）リピートで売上げが上がるものを指す。代表的な業種は、消耗品の製造・販売やメンテナンス、管理収入といった、定期的に売上げが発生するものである。

自社の売上げがほとんどスポット売上げの場合、安定成長のポイントは、営業人材力強化と受注情報管理を徹底し、取りこぼしを少なくして受注打率を上げることが必須条件となる。しかし、この事業モデルは、トップと営業幹部が気を緩めると、すぐに業績が崩れる可能性が高い。そこで、いかにベース売上げをつくり、その売上げ比率を高めるかが、業績の安定成長にとって大切となる。

ベース売上げ中心の事業を行う企業も、現在のベース売上高をさらに増やすことや、新たなベース売上げ事業（商品・サービス）を付加することで、より強固な事業モデルへと進化できるのである。

②ベース売上高比率を向上させるＫＰＩを設定

ベース売上高比率をＫＰＩとして設定し、この比率の向上や新たな事業（商品・サービス）の創造に取り組むことが、業績の安定成長につながる。

ある会社では、売上げ構成に占めるベース売上高の比率だけでなく、次の3つの視点からKPIを設定し、その向上に取り組んでいる。

●固定費に対するベース売上高の粗利益額比率を向上させる

毎月の固定費に対するベース売上高の粗利益額比率を高め、その比率が一〇〇%を超えれば赤字になることはない。これを「固定費カバー率」と呼ぶ。

同社では事業や拠点ごとに固定費カバー率をKPIとして設定し、ベース売上高を向上させるために営業施策を打ったり、固定費の削減や増加抑制のために管理を徹底したりすることで、業績の安定化を図っている。

●重点ターゲット先のベース売上高比率を向上させる

購買力と成長力の高い「付き合うべき得意先」を重点ターゲット先と定め、その得意先への売上高に占めるベース売上高比率を高める。付き合うべき得意先を定義した先で、既存得意先の満足度向上を図りながら、さらなるベース売上げになり得る商品・サービス提案によって深耕する。または、新規得意先のベース売上げにつながる受注攻略ストーリーを決め、それを計画的に確実に実行することだ。

付き合うべき得意先のベース売上げが増えれば、自社の業績安定度が増すだけでなく、良い得意先と付き合うことで自社も成長でき、善循環のリズムが構築できる。

●ベース売上高を有する得意先の契約更新率（リピート率）を高める

ベース売上高を有する得意先の契約更新時期が六カ月ごと、一年ごとなどと決まっているなら、その更新率を高める施策を計画的に実施していくことである。

得意先が自社と長く付き合えば〝お得〟だったり、便利になったりする仕組みを構築し、競合他社に奪われないように定期的に接点を増やし、関係性を高めることである。契約更新率（リピート率）が高い企業は、営業コストが少なく営業効率も良い。その得意先のインストアシェアを高めれば、さらに営業効率が高まる。

③ベース売上高の創造と育成

自社の事業がスポット売上げ中心の場合は、ベース売上げの上がる新たな事業開発を検討する。既存得意先向けにベース売上げとなる商品・サービスを開発できれば、既存事業を強化できるが、無理な場合には新規得意先向けの事業開発を検討することになる。

また、ベース売上げとなるような事業が開発できない場合は、自社の事業の中でベース売上げになり得る商品・サービスを見つけ出し、育成の仕組みを考えることが必要だ。

例えば、ある運搬機器メーカーでは、製品にメンテナンスなどを組み込んで販売することを「セット販売」と呼び、得意先の大まかな年間販売計画が入手できれば年間のベース売上高としてカウントしている。また、そのセット販売を類似業種へ水平展開すれば、ノウハウの蓄積やベース売上高の向上にもつながる。

同社の業績は得意先の設備投資に影響されるが、セット販売に力を入れることで情報量が増え、競合他社と比べて業績も安定してきている。

業績を安定成長させることは難しいが、まずはトップの意志がなければ何も変わらない。意志を込めた数字をつくってこそ、本物のトップである。自社の既存、あるいはこれから注力する新規のベース売上高にこだわり、安定成長が可能な事業モデルへと革新することだ。

(2)「受注打率」の視点

①受注打率にこだわる理由は経営資源の有効活用と組織力向上

受注打率は高い方が営業効率が良い。ほとんどのトップはそのことを分かっているだろうが、今まで以上に受注打率にこだわることによって、安定成長を目指してほしい。

受注打率にこだわる最大の理由は、経営資源の分散を極力少なくするためである。特に、営業メンバーを中心とするラインメンバーの時間とコストを無駄にしないためだ。

経営資源に乏しい中小企業ほど、「大手企業に比べてカネと知恵が足りないから」と、訪問数や営業時間などの量を増やし、受注活動に取り組んでいるケースが見られる。確かに、決まった曜日に訪問したり、遅くまで店を開けていることが必要な営業スタイルもある。だが、量を増やすことは全く無意味とは言わないまでも、営業メンバーの時間とコストの分散を招き、疲労感と生産性の低下につながっているケースをよく見受ける。

量を増やすと、重点となり得る新規顧客開拓や、優良既存顧客深耕のための作戦を立てる時間とその行動時間が少なくなる。すると、一生懸命に動いたものの、それ以上の成果が得られなかったという結果になることも多い。

営業メンバーの人数が決まっているなら、営業活動の件数と時間はその掛け算で決まる。受注打率にこだわる本質は、営業効率の向上は当然のこととして、経営資源を集中させ組織力の向上を狙うものである。

②受注打率六〇%というKPI実現の仕組みづくり

受注打率をKPIとして設定し、この比率の向上や、受注情報量向上のための顧客創造活動を日々の基本行動として実践することが、業績の安定成長につながる。

ある住宅リフォーム会社では、受注打率と受注情報量の向上に向けて、次の3つの視点からKPIを設定し、営業活動に取り組んでいる。

●毎月の受注打率六〇%をKPIに、営業メンバーが追う案件先を決定する

受注打率六〇%という数字は、比較的安定して成果を挙げている営業メンバーの成績の統計

から算出したものである。同社は受注時の平均単価基準を定め、営業メンバーごとに受注目標粗利益額を設定。受注打率と受注目標粗利益額を達成するためには、何件の受注情報に対して営業活動を行えばよいかが分かるようになっている。

営業活動を行う受注情報の選定は、担当者に任せるのではなく、担当者の選定案をもとに、入手した情報を見ながら担当者と上司の打ち合わせで決定する。受注情報の中には、単にショールームへ情報収集に来た顧客や、三～五年後にリフォームをしたい顧客などの中長期案件も含まれており、営業活動の時間とコストをどこに注力するかで受注打率が大きく左右されるからだ。

つまり、経営資源の配分を担当者だけに任せるのではなく、組織として行うということである。加えて、この顧客ランク選別の打ち合わせは、部下の情報収集センスを磨く良い機会にもなっている。

●リピート・紹介受注率一〇%を達成する

既存顧客が満足し、リピートや紹介につながることは、営業効率を高める最大の方法かもしれない。リピートや紹介は、営業時間・コストが最小限で、打率がほぼ一〇〇%になるからだ。

例えば、一〇件の案件に対して一〇%がリピート・紹介受注なら、一〇件中一件は、ほぼ確実に受注できる。よって、残り九件のうち五件を受注すれば、受注打率六〇%となる六件の受注が可能になる。

しかし、一度リフォームを行った顧客に対し、五〜一〇年後のリフォームのリピート受注を狙ってフォローをし続けていれば、年々担当顧客数が増え、担当者一人では十分にフォローできなくなる。また、新規顧客の創造活動も不可能になる。

そこで同社では、担当者が受注打率六〇%に専念できるように、既存顧客フォローは専門部署が行っている。独自のフォロー基準によって、ダイレクトメールやEメール、定期点検、お困り事相談窓口など細かいフォローをし、リピート・紹介が発生すれば担当者との連携で受注につなげているのである。

●目標粗利益額の二倍の受注情報を継続的に創造する

毎月の目標粗利益額の二倍に当たる受注情報を創造するというKPIは、受注打率六〇%から逆算した数字である。仮に受注目標粗利益額が一億円なら、受注打率六〇%を達成するには約一・七億円の受注情報が必要となる。しかし、前述した担当者と上司の打ち合わせで一・七億円の受注情報に絞り込むには、さらに多くの案件が必要になる。

そこで、一億円という目標の二倍である二億円の案件が必要となる。二倍というのは、同社の経験値から算出した数字だ。この二億円の受注情報の中から、翌月に営業活動を仕掛ける一・七億円の案件に絞り込むのである。同社は、この情報を獲得するために、年間イベントやキャンペーンなど、さまざまなプロモーション活動を展開している。

受注型の事業モデルにとって、受注情報は生命線である。限られた経営資源を有効に使うためにも、受注打率にこだわり、その数字を実現できる仕組みを整えていただきたい。

(3)「収益構造」の視点

①収益力向上には収益構造そのものの改革が必要

中長期的視点で収益構造をいかに変えていくか、収益構造を変えるKPIをどう設定して成長を遂げるか。

「収益構造の視点」からの成長モデルへの革新について説明する。

円安による輸入品原材料のコストアップや、賃金ベースアップなどを背景に、脱デフレへ向かって、大手企業を中心に価格転嫁が徐々に進んでいる。しかし、原価アップ分のコストダウンや価格転嫁のみにとどまらず、収益構造そのものの改革に取り組むことが収益力向上につながることを忘れてはならない。

例えば、二〇二〇年の東京オリンピック開催というプラスの外部環境要因によって、明るい見通しの業界もある。しかし、この間に「自力」での成長力・収益力を付けなければ、企業間格差が広がり、需要ピーク後は完全に優勝劣敗が明確になってしまう。

では、プラスの外部環境要因という「他力」での成長ではなく、自力による収益力を高めるにはどうすればよいか。それが、収益構造の抜本改革である。

②収益構造を変えるための決断

収益構造を変えて成長・発展していくには、戦略投資が必要だ。戦略的に強化すべき商品・サービス開発、成長マーケットへの新規参入など、さまざまな投資が必要になってくる。

そのためには、コストを戦略コストとオペレーションコストにしっかりと区別し、戦略コストを計画的に使いながら、オペレーションコストはいかに最小限に抑えるかのバランス感覚が重要である。

このバランスを取ることは、日ごろ口にしていても実行できていない経営者が多い。業績が良いときは戦略投資を計画的に実施していたのに、リーマン・ショック後、完全にコストカッターに変わった経営者の事例を、私は数多く見た。

真の経営者は、業績が厳しいとき、優先順位を付けて戦略コストを若干絞ることはあっても、戦略投資をゼロにすることはない。〝本物の経営者〟であるからこそ、見極めることができるのである。

また、収益構造を変えるためには、コストだけではなく、事業や商品・サービスも含めて何を捨てるか、何を見直すかという視点から、大きな決断を迫られる。その際は、明確なビジョンや数値基準といったものさしも重要な要素となってくる。

③原価上昇に対する収益構造のＫＰＩ設定

収益構造改革の事例を挙げよう。業界内で知名度が高い、ある中堅規模の食品メーカーは、消費者からの企業名・主力商品名のブランド認知度も高く、品質が良いとの評価を受けている。同社の売上高総利益率は、食品業界でもまずまずの四〇％であったが、年々原材料費が高騰し、三五％まで低下していった。品質が良いと評価されている同社は、原材料にもこだわっているため、原材料費の相場を見ながらの先行買い付けや、原材料以外の資材コストダウン、生産設備の改善による生産性向上などの努力を重ねてきた。しかし、主力得意先であるスーパーマーケットや量販店の価格交渉もあり、売上げに占める原価率が上がっていった。

加えて、同社の原材料費の原価に占める比率は七五％と高く、原材料費アップが総原価アップに直結している。つまり、相場に左右される原材料費比率が高い商品を開発・販売し続ける限り、収益構造の抜本的な改善ができないというわけである。

よって同社は、原価上昇に対する収益構造改革のＫＰＩを次の二点に絞り、取り組みをスタートした。

●原価に占める相場に影響されやすい原材料費比率のＫＰＩを設定

原価に占める原材料費の比率は七五％。そのうち、相場に左右されやすい原材料だけの比率は七〇％である。同社は、これを六五％に下げるというＫＰＩを設定した。

新商品開発において、このＫＰＩを意識するようにしたところ、他社とのコラボレーションなどさまざまなアイデアから、相場に左右される原材料をあまり使わない新商品が生まれるようになった。

●売上げに占める原材料費比率をＫＰＩとして設定

原価にメスを入れるだけでなく、売上げの中身を変えるようにした。同社の販売チャネルはスーパー・量販店がメーンだが、売上げに占める原材料費比率のＫＰＩ改善のポイントは、限界利益率の高い販売チャネルを開拓することである。

よって同社は、主力チャネルのスーパー・量販店で販売数量を確保しているうちに、限界利益率の高い直営店舗やインターネット・カタログ直販、同社の食品を使う飲食店などの新規事業化を決断した。

これは、業態そのものを変える大きな決断である。もちろん、新規事業が赤字続きでは意味がないが、同社はこの取り組みによって、徐々に原価率を低下させるという成果を出すことができた。

④収益構造を抜本的に変えるには事業構造の組み替えが必要

同社が実行した「売上げに占める原価率を改善するための新規事業化」は、事業構造の組み替えとも言える。抜本的に収益構造を変えるなら、収益性の高い事業を伸ばし、収益性の低い事業を現状維持する、もしくはその事業から撤退する決断が必要なのだ。

加えて、収益性の高い事業が成長マーケットに属していて競争力が強ければ、収益構造は格段に良くなる。

強い収益構造をつくり上げるには、収益構造から現在の事業を見て、事業の見極めや事業モデル革新、新規事業開発も含めて事業構造の組み替えをすることも必要になってくる。こうした視点から収益構造を変えるＫＰＩを定め、目標達成に取り組むことで、自社の事業を成長モデルへ革新するのだ。

7 成長エンジンづくり

(1) 真の成長戦略と成長エンジン

① 競争戦略から真の成長戦略は描けない

競争優位戦略の視点から、競合他社を意識して戦略を構築すると、どうしても現在の事業領域内での差別化・差異化に目を向けがちになる。競合他社との差別化・差異化など、自社に優位性を持たせるのは必要なことではあるが、それが行きすぎて消耗戦に陥っている企業や業界も多く見られる。

「他社よりも保証期間が長い」「他社が定休日の土日・祝日も営業している」「二四時間三六五日対応」「製品仕様や価格はほぼ同等だが、他社にない機能が付いている」など、さまざまな

図表13　アンゾフの成長ベクトル（マトリクス）

		製品（技術・サービス）	
		既存	新規
市場（得意先）	既存	市場浸透戦略	新製品開発戦略
	新規	新市場開拓戦略	多角化戦略

ことに手を広げると切りがなく、製品自体のコストアップや人海戦術による人件費アップにより、まさに企業体力の消耗戦となってしまう。

では、真の成長戦略とは何か？

米経営学者のイゴール・アンゾフが提唱した「成長ベクトル（マトリクス）」を見ていただきたい（**図表13**）。「市場浸透戦略」として、既存の得意先に、販売手法の差別化・差異化をして既存の製品を売っているだけでは、いずれ成長の限界が見えてくる。

では、エリアを拡大したり、新規チャネルを開拓したりして、そこに既存の製品を販売する「新市場開拓戦略」や、新製品を開発して既存の得意先へ販売する「新製品開発戦略」を実施すればよいのか？　だが、これらの戦略も、自社の販売シェアが高まれば、いずれ限界が見えてくる。

販売シェアが高まった自社の事業領域が、成熟市場、もしくは衰退市場であるなら、「多角化戦略」に取り組まなければ、成長し続けることは難しいのである。

②真の成長戦略には新たな成長エンジンと経営資源配分が不可欠

真の成長戦略を策定するには、「自社の今後の成長エンジンは何か?」という問いに答える必要がある。この問いに答えられないトップは、成長意欲がないか、成長エンジンを見いだせないでいる場合が多い。

既存領域で自社の技術力を磨き、得意先への提供価値を高めることは当たり前である。だがトップは、自社の存在価値をさらに高めるために、中長期の視点に立って今後の成長エンジンを探し、それを具現化していかなければならない。

また、成長エンジンは明確でも、経営資源の配分を決断できないトップも多い。

ある中堅商社は、介護分野の新規チャネル開拓を成長エンジンとしているが、なかなか開拓が進まないという現状があった。詳しく話を聞いてみると、競合他社がその新規チャネルで先行しており、後発の同社は苦戦を強いられているとのことであった。さらに、新規チャネルの開拓は既存チャネルの担当者が兼務しており、片手間での開拓となっていた。

そもそも、同社のターゲット選定が正しいのかどうかという問題もあるが、成長エンジンとなる戦略テーマには、重点的に経営資源を配分するという決断が不可欠なのだ。

③「1T3D戦略」により成長を目指せ

タナベ経営の創業者・田辺昇一の言葉に、「単品たらふく不健康、少々バラバラ健康」「卵を1つのかごに盛るな」というものがある。「単品」、つまり取引を得意先一社のみに依存することや、1つの商品に依存することはリスクが大きく、成長にも限界が見えてくる。また成長戦略は、「卵を2つ以上のかごに盛る」、つまりリスク分散の視点からも組み立てる必要がある。

こうしたリスク分散の視点から、前述した多角化戦略の必要性をどのように考えるか？

タナベ経営では、大企業のように経営資源が豊富ではない中堅・中小企業には、「1T3D戦略」による成長戦略策定に取り組んでもらっている。1つの固有技術（Technology：テクノロジー）で、3つの事業領域（Domain：ドメイン）を攻略することである（**図表14**）。

本章で前述した「『深耕』『拡大』『逆説』の3つの視点からの革新」の「『深耕』の視点」で紹介したユニ・チャームの事例を思い出していただきたい。これは、女性用の紙ナプキン製造

図表14　1T3D戦略

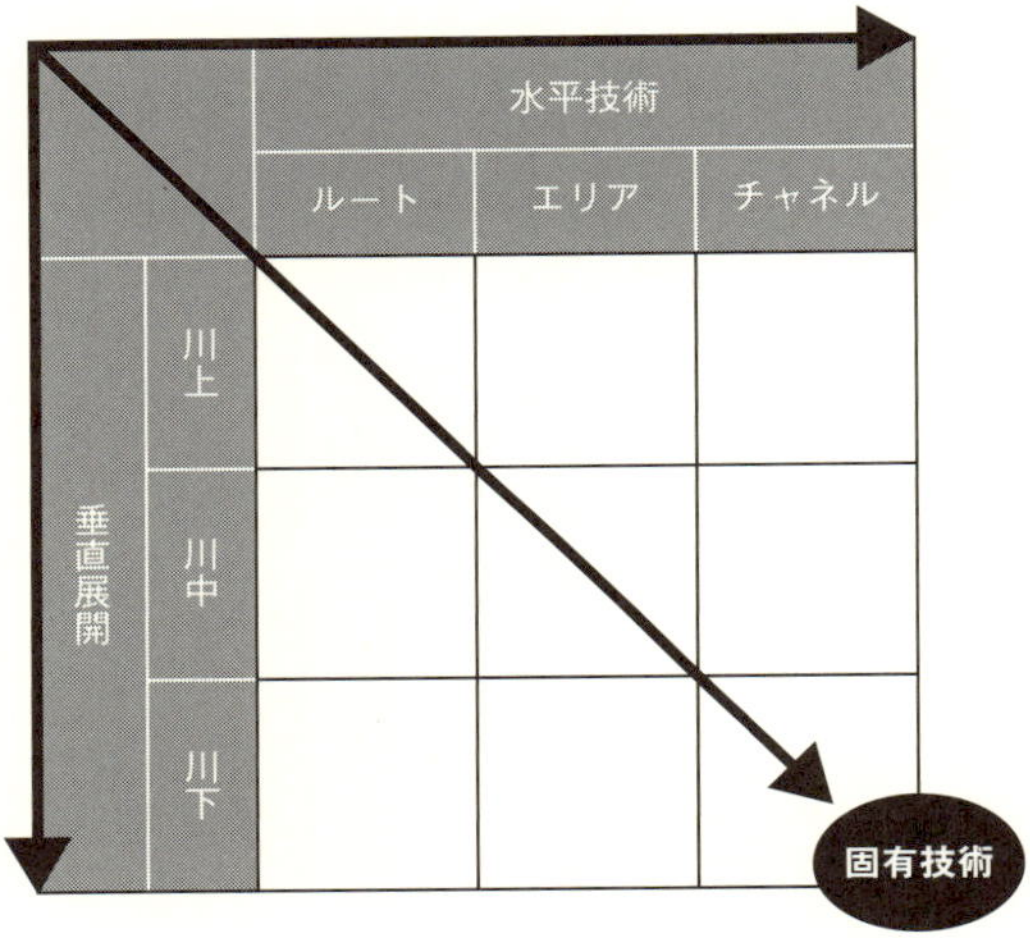

で培った技術をベースに、ベビー用紙おむつへ展開し、さらに、国内の少子高齢化に伴って成長マーケットである介護分野の大人用紙おむつへとドメイン（領域）をシフトした「1T3D戦略」の事例でもある。

また、同事業モデルは、国内のみならず海外マーケットにも展開している上、次の成長分野と目されるペット市場に対しては、ペットケア商品（ペット用紙おむつやトイレシートなど）も提供している。

3つのドメインだけでなく、さらに多くのドメインを攻略し、成長を続けているのである。

トップは、「真の成長戦略とは何か」「成長エンジンとは何か」を常に考えなければならない。1T3D戦略にのっとって成長ドメインを攻略し、発展し続けていただきたい。

（2）成長エンジンとなり得る新規事業開発

①新規事業を第二、第三の柱にする

企業家としての経営者のミッションは、既存事業・新規事業にかかわらず「供給不足マーケット」を見つけ出し、顧客ニーズを満たし続けることである。経営者は供給不足の解消と同時に、新たな産業創出や豊かな社会づくりに貢献していくことも求められる。

日本の人口は減少トレンドに入っており、これは同時に日本経済の縮小も意味している。しかし、企業はその環境下でも「供給不足マーケット」を見つけ出し、企業家ミッションを実現していかなければならない。

では、縮小マーケットにおいて、供給不足マーケットをいかにして見つけるか。感性によるアイデアだけの新規事業化は難しい。新規事業に対する事業化基準を持って取り組む必要がある。

婚礼数が減少しているウエディング業界で成長している企業がある。同社の事業展開の特徴

は、婚礼というドメインの中、ライバルと競合しないホワイトスペースで新規事業を立ち上げ、新たなビジネスモデルを多角的に創出している点である。

例えば、従来の婚礼写真は、設備の整ったスタジオで、何パターンかポーズを決め、一ポーズの単価×ポーズ数という価格設定をするのが通常である。しかし、これはスタジオでカメラマンが一日に何組も撮影するための、「自社都合」のビジネスのやり方だ。

そこで同社は、スタジオだけでなく、結婚式当日のヘアメイクシーンから披露宴後のシーンまで、後に思い出がよみがえるような動きのある写真を撮影し、オリジナルアルバムをつくっている。

カメラマンの生産性は落ちるが、カメラマン自身が動く撮影スタイルに変えることで可能になった「挙式当日の思い出がよみがえる、世界に一冊しかないオリジナルアルバムの提供」によって顧客を創造している。

同社の社長の新規事業開発の基準のキーワードは、「バリュー」「トレンド」「パイオニア」の三点である。

一点目のバリューとは、「その事業に社会的価値があるか」「社会から喜ばれる事業か」。すなわち、社会的価値がなければ、二〇年、三〇年と続けられないということだ。

二点目のトレンドとは、「時代の流れに合っているか」。例えば、婚礼一組当たりの単価が下がっているのに、無理に単価アップをしないということである。時代の流れに沿っていないものは自社都合であり、顧客志向ではないとの考え方だ。

三点目のパイオニアとは、「誰も手をつけていない新しいことをやる」。まさに、ホワイトスペースの事業を行うということである。ホワイトスペースにはリスクもあるが、そこで事業化し、顧客から支持されれば、ナンバーワンポジションとしての優位性が発揮できる。

同社の社長は、この3つの基準で新たな事業を生み出し、縮小マーケット下においても事業の柱を数多くつくり出している。リスクを分散し、婚礼ドメイン内でコングロマリット化を図っているからこそ、それが実現できるのである。

だが、自社の事業が既存事業のみで、その事業のライフサイクルが衰退期に入っている場合、供給不足マーケットを見つけることは難しい。そのため、成長意欲の高い経営者は、既存事業の成長限界や事業リスクを考え、新規事業への投資に積極的に取り組んでいる。

中堅・中小企業の新規事業開発は、コア事業の周辺強化を主なテーマとし、既存の経営資源活用を軸にするケースが多い。その方が比較的、経営リスクも少ないと考えてのことだ。

しかし、自社にとっては新規事業でも、その分野にすでに参入している企業が多くあれば、差別化・差異化を図った上での事業開発が必要である。もしくは、その分野が未開拓で、自社が最初の参入企業であれば、事業そのものをゼロベースから組み立てなければならない。商品・

サービスの認知度アップも含めたコストや時間がかかるが、「一番乗り」で成功した場合のリターンは大きい。

いずれにせよ、新規事業開発には、「成長マーケットを取り込み、第二、第三の事業の柱にする」という考え方のもと、コア事業の周辺強化にとらわれず、新たな事業（需要）創造に投資する（M&Aも含む）ことが必要だ。これが、減少する国内マーケットにおける事業基盤の構築にもつながってくる。

②新規事業開発スタートの際に考えるべきポイント

成長マーケットで新規事業開発を始める際の考え方について、次に3つのポイントを挙げる。

●「課題解決型」か「先端技術型」か

新たな伸びるマーケットを先取りするための着眼として、タナベ経営では「課題解決型」と「先端技術型」がある、と言っている。

課題解決型とは、現在すでに表面化している課題や、将来において間違いなく問題が表面化するであろう課題に対して展開していく事業を指す。このタイプには、「社会問題ニーズ解決」「地域エリアニーズ対応」という2つのニーズ対応がある。

もう1つの先端技術型とは、世界に先駆けて開発された最先端技術から生まれるマーケットをターゲットに事業展開することである。技術イノベーションから生まれるマーケットをいち早く自社の中に取り込み、事業を展開する。

参考までに、タナベ経営『二〇一三年度 経営戦略セミナー』でまとめたタナベ経営流「顧客価値による事業分類（例）」を挙げる（**図表15**）。新規事業開発を成長エンジンとするためには、新たに伸びるマーケットで、課題解決型か先端技術型による事業開発にチャレンジしていただきたい。

●既存事業との相乗効果ではなく、マーケット起点で事業アイデアを練る

新規事業開発は、既存の経営資源をどう生かすかという視点から入ると、制約条件が多くアイデア不足となる。伸びるマーケットを先取りするという考え方のもと、マーケット起点での事業開発に取り組まなければ、斬新なアイデアが生まれてこない。また、アイデアが出てもすぐにつぶされてしまう。

図表15　顧客価値による事業分類（例）

大分類	中分類	小分類	事業分野例 （または最近の注目キーワード）
課題解決型	社会問題ニーズおよび地域エリアニーズ	環境・エネルギー	スマートグリッド・スマートコミュニティー、省エネ、次世代自動車（電気自動車・燃料電池車）、再生可能エネルギー
		資源確保	レアアース、海洋資源、省資源、自然エネルギー資源
		生産労働人口の減少を回避	産業用ロボット、人型（介護）ロボット
		食料自給率の向上	日本の農産物の輸出、農業の法人化、植物プラント
		高齢者マーケット（医療・介護・健康・生活支援）	介護福祉機器、医療品・医療機器、老人介護施設、リハビリ、終活ビジネス、介護士の海外からの受け入れ
先端技術型	イノベーションを起こす先端分野の強化	新興国企業がまねできない産業の創出	ロボット、航空機、バイオ医薬品、高温超伝導、iPS細胞、ナノテク、宇宙開発、炭素繊維、レアメタル、新素材、次世代自動車、機能性化学

資料：タナベ経営「2013年度経営戦略セミナー」テキスト『2013年度の経営戦略 カンフル経済下のリ・ミッション戦略』より作成

構想段階では、外部ネットワークも含めてあらゆる角度から成功条件をリストアップする。そして、その条件をクリアする難易度や魅力度などを分析した後、新規事業を選択するとよい。新規事業開発メンバーを中心に、成長エンジンとなり得る新規事業を決定してから、既存事業の強みをどう生かすかを考える方が、相乗効果を最大限に発揮できる場合が多い。

●社内の優秀人材から新規事業開発メンバーを人選する

何をやるかを決めれば、「誰がやるか」も重要になってくる。外部から新規事業分野の専門知識・経験を持った人材を調達するのが難しい場合は社内から人選することになるが、その人選が新規事業の成否を分けるポイントになる。中堅・中小企業の場合は、この人選が悩ましいところだ。

新規事業開発に成功したある会社は、5つの異なったドメインでナンバーワンポジションに立ち、多角化することで事業のリスク分散を図って増収増益を続けている。成功のポイントは、「既存事業で稼ぎ頭となっている優秀人材三名を新規事業担当者に選んだ」ことだ。

同社のトップは、「優秀な人材が新規事業開発に当たれば、失敗しても諦めがつく」と言う。優秀人材一名だけなら得意・不得意もあるが、三名の優秀人材なら、それぞれの得意・不得意分野を互いにカバーでき、成功する確率も高くなるため、失敗しても諦めがつくのだそうだ。実際、失敗する事業開発には、必要な人的資源配分が伴わなかったケースが多い。

真の成長を目指し、成長マーケットでの新規事業に取り組むことで、新たな成長エンジンを確立し、成長を続けていただきたい。

第2章
「社風」の革新

1

トップとは「自ら変革し続ける者」

「トップの器以上には会社は大きくならない」「トップが変わらなければ会社は変わらない」との言葉の通り、企業の成長はトップの経営能力に大きく左右される。人間は経験して学習する動物であり、トップの経営能力も新しいことへのチャレンジ・経験によって高めることができる。それが「変革」への第一歩である。

リーマン・ショックや東日本大震災以降、経営環境の変化のスピードは速まり、企業に変革のスピードアップを求めているように見える。今まさに、変化に変化で対応することが必要とされている。こうした環境下でも成長している企業のトップに共通していることは、常に変化を好み、変革し続けていることである。

私は、ある成長企業の二代目トップと、毎月、面談をしている。そのトップは毎回、新たな成長課題を準備し、積極的にその課題への質問を投げかけ、私と議論する。その議論のテーマは、毎回全て答えが出せるものではないが、議論そのものが互いを高める良い機会である。私のコンサルティング経験にとっても、良い刺激となっている。

そのトップに、「なぜ成長意欲を持ち続け、変化を好むのか」と聞いたところ、「社員に変化しろと言うだけではダメ。トップ自らが変化しなければ会社は変わらない。また、環境変化への対応スピードが速い社風をつくらなければならない」と言っていた。また、「トップとは〝変革し続ける人〟であり、変革できなくなったときがトップの座を降りるときだ」とも聞いた。その考え方には、大いに共感が持てる。

実際、トップに苦言を呈する社員は少ない。社長経験が長いトップほど、ベテラン社長としての成功経験が、変革を邪魔するのである。環境変化のスピードが速い時代において、立ち止まることは衰退であり、「変革し続けること」が必要だ。トップであるあなたは今、企業成長のために何を変えようとしているのか。もし、変えることを拒んでいるようなら、むしろトップの座を譲るべきときかもしれない。

また、ある会社では、年度末に次年度の経営方針計画を策定しているが、その策定と併せて、この一年間、幹部としての存在価値があったのかという反省を行っている。幹部一人一人が一年で最もインパクトがあった成果を発表し、幹部全員で共有化を図るのである。

発表する成果がない、あるいはその内容が発表に値するものでない場合には、トップから「あなたの一年間の存在価値はあまりなかったですね」と、短くも厳しい判定が下される。また、トップはその成果を幹部の昇進・昇格の参考にもしている。

成果発表は、経営方針書にある自部門方針の内容とリンクするものもあるが、チャレンジ難易度が低いものでは、存在価値が認められない。部下にやらせるだけでなく、自らも難易度の高いテーマにチャレンジし、成果を出しているかどうかが評価される。

同社から学ぶべき点は、経営者・経営幹部は、現状否定の精神を持つのが当たり前であり、常に難易度の高いことにチャレンジし、足跡を残しているかどうかが問われていることだ。経営者・経営幹部は、変革ができなくなれば、存在価値はないのである。

今まで通り同じことを続ける現状維持は楽であり、変革とは自ら進んで労を多くすることだ。成長を続けられる企業トップの条件は、ビジョン実現のためのギャップを埋める労を、楽しむことができるかどうかにかかっているのである。

2

変化を楽しむ社風づくり

経営者の多くは、今までの経営のやり方の延長線上に未来がないことを肌で感じているため、社員に向かって「変革せよ」「進化せよ」といった意味の言葉を連発する光景をよく見る。しかし、掛け声だけでは、社員はそう簡単には変われないのが現実だ。まずはトップ自らが変わらなければ、企業は本質的に変われない。

では、どうすればよいのか。私は社風づくりとして「変化を楽しむ」ことを推奨したい。危機感にあおられての変化と、変化を楽しみながらの環境適応では、社員のモチベーションや成果も変わってくるからだ。

変化を楽しむ社風づくりをし、連続増収を果たしている企業事例を紹介しよう。その会社は、全社員（社員数、約二〇〇〇名）が毎日三行（一二七字）で意見や提案、不満、気づきなどをトップにメール報告するコミュニケーション制度を導入している。ミクロの情報を集め、自社にとって良いと思われることはすぐに取り入れて行動を起こし、変化を常とする社風を築いているのだ。

制度導入当初、メール報告の提出率はとても低かった。しかし、現在の提出率は九九％。つまり、ほぼ一〇〇％の状況である。営業日に毎日二〇〇〇名からメールが届くが、全ての提案を採用するわけにはいかないため、データベースに蓄積している。そして、データベースにキーワードを入力してアクセスすると、社員が参照できるようになっている。

さらに、この制度は報奨制度と結びついており、賞与が年間で一〇万〜二〇万円くらい違ってくる。もちろん、報告数が少ないからといって減点するわけではない。

総務担当者からの提案事例を紹介しよう。データ印は新入社員が入るたびに用意し、古くなったものは交換する手間が発生する。海外ではイニシャルのサインで済ませているのに、わざわざ判子にする必要があるのか。この提案をきっかけに、同社はデータ印を廃止した。

同社のトップいわく、「日本企業は五％、一〇％の節約は得意である。しかし、五〇％や一〇〇％の削減は不得意である」。

確かにそうかもしれない。五〇％、一〇〇％の削減を行うには、やり方そのものを変えなくてはならない。データ印をなくしてしまうという考え方は、まさにやり方そのものの改革であり、必要なことである。

このトップは、「知」は現場にあると考えている。だからこそ、このメール報告によって結集した知を、変化を起こす情報源として活用しているのである。これは同時に、「良い提案をすればトップが実現、あるいは改善してくれる」という社員の信頼を得ることにもつながっている。同社は変化すること自体を楽しんでいるのだ。

この制度が自社の社風に合わないと感じても、まずは「変化を楽しむ」を合言葉に、さまざまな方法を試してほしい。そして、自社に適した方法を見つけ、変化を常とする社風づくりに取り組んでほしい。

トップであるあなたは、今期、何を変えたか。自分自身を振り返るタイミングは今しかない。

3 「経営の見える化」による自律型組織風土づくり

「経営の見える化」とは、これまで見えていなかったものを見えるようにしたり、経営者・経営幹部しか見ていなかったものを全社員が見ることができるようにして、その見えた内容を効果的に活用し、自律型組織風土づくりを行うことである。これは、結果的に業績そのものを変えていくことにもつながる。

自律型組織風土づくりのために見える化すべきは、「理念」「ビジョン、年度方針・計画」「業績」「財務・収益構造」「顧客」「自社」「人材」「知恵」の八項目である（図表16）。その中から自社に必要なものを決め、異常や状況を見える化し、トップ以下全社員が自主的・自発的な行動をするように仕向けるのだ。次に、八項目の見える化のポイントについて述べる。

また、見える化については、タナベ経営でも『経営の見える化研究会』を主催しているので、興味のある方には参加をお勧めする。

図表16　見える化の８項目

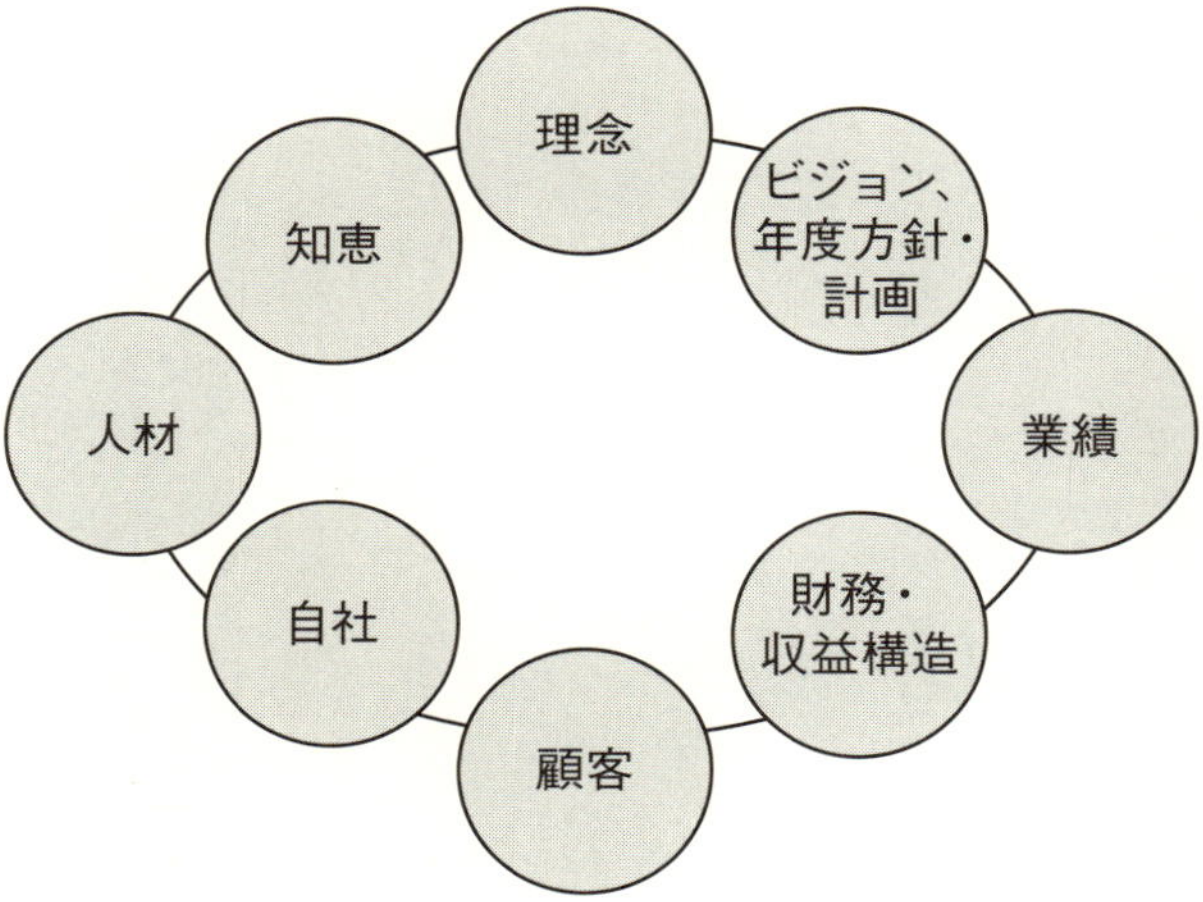

（1）理念の見える化

理念は経営目的であり、経営のバックボーン（背骨）の最上位概念である（図表17）。だが、その重要性は理解していても、掲示しているだけになっている場合が多い。また、理念を補足するものとして、クレドや行動基準などカード形式のものを作成して自己満足に終わっている場合も見受けられる。トップや幹部が日常の中で理念について触れる（話す）機会を持つのは当たり前のこととして、さらに時間と手間をかけ、理念の浸透を図ることも必要だ。

ある大手物流会社では、理念共有の場として「満足創造研修」を年一回、全社員が受講

図表17　経営のバックボーン・システム

経営目的	・経営者の会社に対する考え方 ・ミッション・経営理念
経営目標（ビジョン）	・ビジョン ・長期・中期・短期のあるべき姿
経営方針（戦略）	・戦略・方針 ・自社の進むべき方向
経営組織	・戦略・方針を推進・展開し、結果を出す体制
経営計画	・年度・月別・商品（サービス）別・得意先別・エリア別などに細分化された内容（定量・定性）
スケジュール	・誰が、何を、いつまでに、どのように
実　行	・方針、具体策をやり遂げる
成　果	・計画、予算を達成する
評　価	・結果の公平・公正な評価
分　配	・そろばんの許す限りの分配

する。この研修では、理念の実践を示す現場での感動エピソードを映像で見える化し、具体的な事例から理念や仕事の意味について共感の輪を広げているのだ。

また、理念に沿った行動に対し、投票による表彰制度も導入して、理念実践度を評価している。これが、同社の理念実践型の風土を形成しているのである。

経営理念は現場で実践してこそ意味がある。そこで、理念と現場をつなぐミッションマネジメント（使命感経営）体系を整備し、理念から業務マニュアルまで一貫性を持たせることで、業務マニュアルの実践が理念の実践となる関係を見える化することも必要だ（**図表18**）。

ミッションマネジメントの本質は、価値判

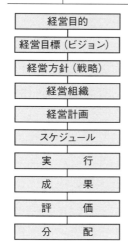

図表18　**ミッションマネジメント（使命感経営）の体系**

概念	体系	意味と内容
上位概念	ミッション（存在価値）	【社会における組織の役割】社会において何でお役に立つのか、貢献するかを宣言したもの。その姿を高く、深く、広く設定するほどミッションへと昇華される。
	経営理念	【経営や組織運営に対する考え方】組織としてのあるべき姿、目指すべき姿、ステークホルダーに対する考え方などをまとめたもの。
	行動指針	【組織構成員の行動スローガン】ミッションや経営理念を達成するために組織構成員がどのような共通の行動指針を持つべきかを箇条書きにまとめたもの。
	行動憲章	【組織構成員が心得るべき日常行動の判断基準書】階層別、部門別などで構成員が業務を遂行するに当たって、やるべきこと、やってはいけないことの判断基準を示したもの。
下位概念	業務マニュアル	【日常業務の手順書】上記の体系を基盤として、日常業務を遂行する際に必要な具体的作業手順書。日々の業務に合わせて常時変更される。

断基準の向上と徹底にある。価値判断基準が上がれば、マニュアルの基準・内容にも随時修正を加えていくことになる。なお、マニュアルについては、後述する「知恵の見える化」を参考にしていただきたい。

(2) ビジョン、年度方針・計画の見える化

中期経営計画や年度経営計画について、四半期、半期の短期的レビューを行うと、計画とレビュー結果の差異が生じる場合がある。計画の内容そのものがどうかという議論は別として、さらなる見える化によって、ビジョンと年度方針・計画を推進するポイントについて述べる。

目的は、全社パワーを結集し、計画を達成

することにある。故に、経営指標と現場の業務プロセス指標を関連づけ、できるだけシンプルにマネジメントすることが求められる。

そのためには、第1章でも述べたＫＰＩ（重要業績評価指標）マネジメントを導入し、重点となる指標を見える化して、計画（数字）実現に向けた取り組みを強化する方法がある。計画（数字）＝結果とするために、業績向上のカギとなる要素を抽出し、それを定量的な指標として向上させる。それが計画達成につながるというマネジメント手法である。

まずは、計画（数字）達成に向けて、業務プロセスを時間軸で分解し、その重要なプロセスごとにＫＰＩを設定し、そのＫＰＩ向上のための対策をしっかりと実行していくことが必要となる。

例えば、自動車ディーラーの営業は、自動車販売台数が最終的な数字目標となる。一般的な新規顧客開拓の業務プロセスを簡単に分解すると、ショールーム来店→試乗→現在保有している自動車の査定→見積書の提示→クロージングというプロセスになる。この全ての業務プロセスにＫＰＩを設定すると現場が混乱しかねないので、重要なプロセスを決めてＫＰＩとして設定する。

見積書の提示がカギになるのであれば、見積書の提示件数をＫＰＩとして、その数値を向上させるための対策を考え、件数向上に取り組むことになる。

見積書の提示件数を向上させる対策例としては、見積もり誘導へのトークの型決め・ロールプレイング、何パターンかの見積書例を示すツールの整備、見積もり時間を短縮し、待ち時間のストレスをなくすなど、さまざまな対策がある。

これらの対策を実行し、見積書の提示件数というＫＰＩを向上させ、販売台数アップに結びつけるのだ。

進捗状況のチェックに当たっては、ＫＰＩの基準（目標）値から見て、ギャップ（差異）があれば対策内容を追加し、基準（目標）を超えるようにしていく。

ＫＰＩ指標を多く設定して管理過剰な状態にならないように、重点を絞り、見える化して、現場の自律的な活動を促すとよい。

（３）業績の見える化

業績の見える化においては、過去の業績を共有することも大切であるが、序章で述べた通り、先行業績を見える化する「業績先行管理システム」の導入と活用が効果的である。

現時点で三カ月先、六カ月先の業績を読み、真の差額（先行累計差額）を見える化することにより、社員の思考や行動が先行リズムとなってくるのである。先行累計差額がどれだけ改善

図表19　業績先行管理の見える化、3つのポイント

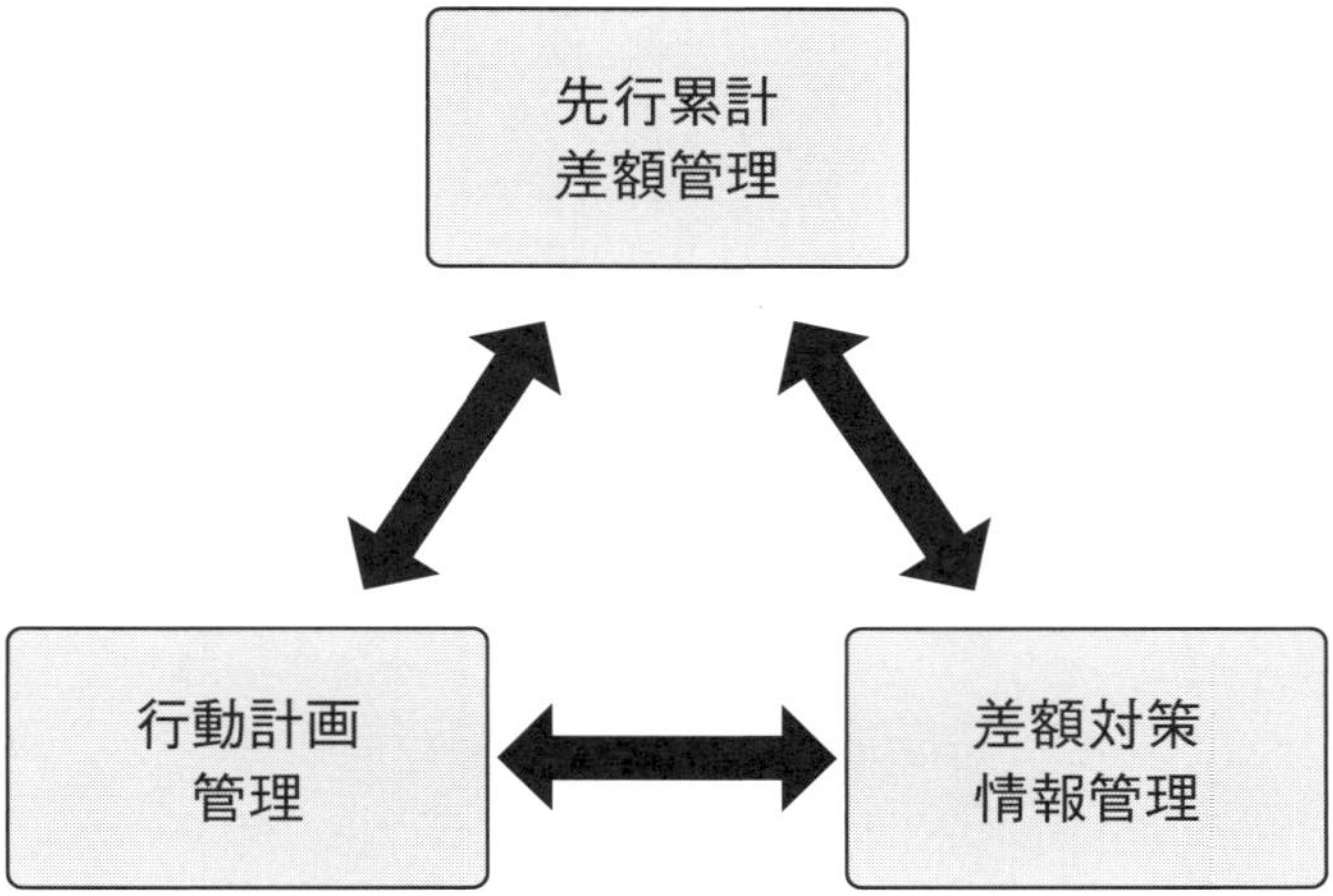

されているか、日繰りで変化が見えると、日々のマネジメントツールとしての活用度も上がる。

また、業績の見える化は、業績状況だけでなく、次の3つの見える化およびマネジメントを行うことがポイントになってくる。「先行累計差額」に加えて、「差額対策情報」「行動計画」の3つをマネジメントすることだ（**図表19**）。

先行累計差額管理とは、業績先行管理システムのフォーマットに記載した数字のメンテナンスサイクルを決め、管理することである。

差額対策情報管理とは、序章で説明した通り、差額対策を「種まき」「育成」「刈り取り」に分けて内容を数字で押さえ、その数字で先行累計差額が埋まるのかを管理することだ。

図表20　ある中堅メーカー営業所のディシジョンボードの掲示物

場所	着眼	掲示物
会議室	原点着眼	経営理念 中期経営計画 単年度全社方針 単年度営業本部方針
	大局着眼	市場マップ（得意先を地図上にプロット） 重点得意先インストアシェア状況
	先見着眼	業績先行管理表（差額対策含む） 年間予定行事表 イベント予定管理表
	小局着手	物件情報一覧表 新規得意先開拓進捗表 商圏奪取管理表 訪問計画・実績表

もちろん、累計差額を埋めるだけの情報がなければ、新たな対策を打つことになる。

行動計画管理とは、差額対策を実行するための行動が行動計画に落とし込まれているかをチェックすることである。対策を立案しても、行動しなければ結果は出てこない。行動計画を確実に実行させる必要がある。

先行累計差額・差額対策情報・行動計画の3つを見える化し、自律型で先見・先手・先行のリズムをつくっていく。

全国三〇カ所の営業拠点を有しているある中堅メーカーは、営業所長のマネジメント力による業績格差をなくすため、各営業所の業績に関する資料の形式を型決めし、会議室のホワイトボードに「ディシジョンボード」として貼り出している。掲示物の種類は**図表20**

の通りだ。当然ながら、前述した業績先行管理表も掲示している。

営業所メンバーは、朝礼・ミーティング・会議を、必ずディシジョンボードのある会議室で行っている。その都度、掲示内容の確認・修正を行うことで、営業所内のＰＤＣＡサイクルや意思決定をする仕組みとして機能させているのだ。

この標準化と見える化により、エリア担当の営業部長や営業本部長が営業所を訪問した際も、業績状況が一目で分かるようになっている。また、標準化には、営業所長の営業所間の異動をスムーズに行えるといった効果もある。

（４）財務・収益構造の見える化

見える化の活動は、最終的には損益計算書や貸借対照表に変化をもたらすものとなる。故に、その変化を見える化する必要がある。いきなり貸借対照表をオープンにしても全社員が理解するのは難しいため、収益構造のポイントとなる損益計算書の売上げから変動費を差し引いた限界利益（率）を見える化する。それは、一般的には限界利益率が高く、固定費比率が低い方が高収益企業となるからだ。

限界利益（率）は、高付加価値商品の開発や、変動費である材料費・外注費・物流費などの低減によって向上できる。固定費の圧縮は、固定費そのものの圧縮か、変動費化である。これらについて、担当部門を明確にし、見える化によって対策状況と限界利益（率）の変化をマネジメントする。

もちろん、限界利益（率）だけでなく、営業利益（率）や経常利益（率）をオープンにすれば、打つべき対策の幅は広がる。社員が理解できるかどうかを考慮して、オープンにする範囲を決めるとよい。

（5）顧客の見える化

顧客の見える化は、顧客属性（個人なら性別、年齢、職業など。法人なら規模、業種など）だけでなく、顧客の声を見える化することが必要だ。アンケートや問い合わせ窓口（電話、メール）などから得た生の声を、見える化できる仕組みがあるかどうかである。顧客の声が全て正しいとは限らないが、顧客の生の声を生かす仕組みは必要だ。社内に仕組みがない場合は、調査会社への依頼も可能である。

ある中堅ホテル業は、支配人と幹部が毎月二回、お客さまアンケート会議を実施し、改善すべきことはその場で意思決定して、改善を図っている。これまでの要望を項目ごとに分類し、同じ要望が多いものは優先改善事項としてフォーカスし、改善に当たっているのである。ポイントは、内容によっては費用がかかるものもあるため、あらかじめ改善費用を予算化しており、ホテルの顧客価値が上がるものであれば、現場でその予算を使ってよいとしている点だ。

アンケートに回答したお客さまは、書いた内容を覚えているものである。再度ホテルに来館したとき、その要望が改善されているとうれしいだろう。実際、二度目のアンケートに、改善したことへの感謝のコメントが記されていることもあり、社員のモチベーションアップにつながっている。

顧客の声の見える化を、社内の「逸話《いつわ》」づくりによって行う例もある。社員がどれだけお客さまのためになる行動をしたかという感動エピソードを、求める社員像へと全社員を導くために活用するのだ。

例えば、お客さまアンケートの回答に社員の個人名が記され、その社員の対応がどのように素晴らしかったかなどが分かる感動エピソードがあれば、全社員が集まる場で披露する。トップが実例を紹介し、最後に「このような社員になってもらいたい」とコメントするだけで、大きな説得力が生まれる。褒められることは、新人であってもベテランであっても、うれしいものだからだ。こうした逸話を数多く紹介し、文書化することも効果的である。

(6) 自社の見える化

自社の見える化は、顧客の見える化とは逆に、顧客から自社の主力商品・サービスや強みを見えるようにすることである。会社案内、商品カタログ、ホームページ、SNS、パブリシティーなど、自社を見える化する手段は多くある。しかし、伝えたいことが本当に伝わっているかどうかが重要だ。

ある中堅商社のトップ・幹部は、社内で「自社の強みは得意先メーカーの技術が分かる技術提案型商社であることだ」と言っていた。だが、顧客の声の見える化の依頼を受け、タナベ経営が得意先訪問調査を行ったところ、「技術提案が少ない」という意見が多かった。過去に比べ、規模拡大とともに商品アイテムが増えたため、中堅・若手営業メンバーの商品知識が浅くなり、技術提案どころではない「御用聞き営業」になっていたのである。

現在、同社は営業部門の組織を業界別に編成し、商品知識や得意先の技術知識向上のための勉強会や現場研修を急ピッチで進めている。また、得意先訪問の際に顧客の「お困り事」を一つ聞き、次回訪問時には解決提案をする活動も始めている。

この地道なお困り事解決提案活動は、以前の強みであった「得意先メーカーの技術が分かる

図表21　ある中堅外食企業のキャリアパスのイメージ

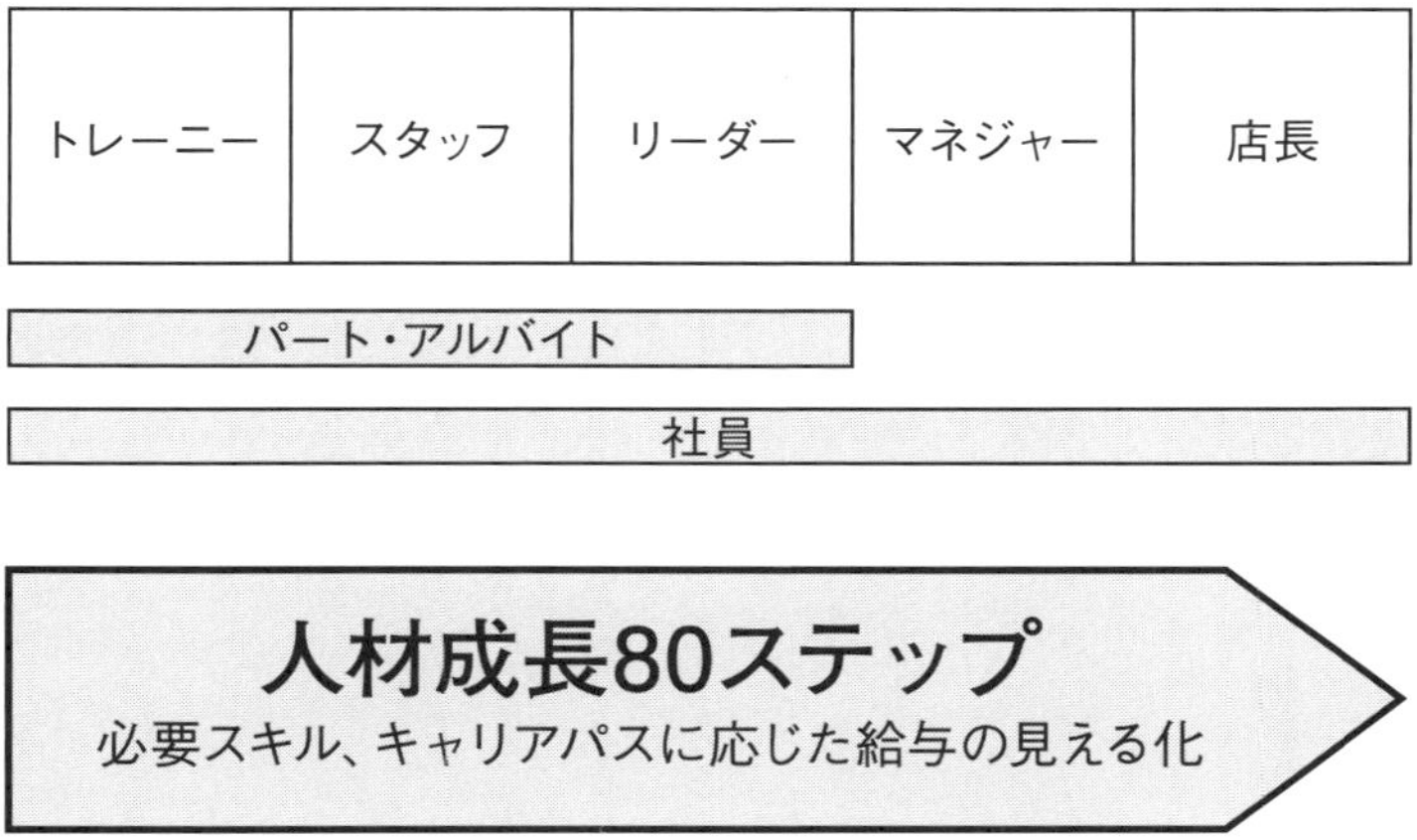

技術提案型商社」という社外の評価につながっていくだろう。

（7）人材の見える化

人材の見える化のポイントは、「人材成長の見える化」である。

ある中堅外食企業では、入社時から店長になるまでに身に付けるべきスキル項目と等級、月収などを「人材成長八〇ステップ」として一覧表にまとめ、見える化を図っている（**図表21、22**）。

この八〇ステップを見ると、自分がステップアップするために、あと何のスキルや条件が必要かが一目で分かる。パート・アルバイト・社員など全員が見ることができ、他のメ

図表22　ある中堅外食企業の「人材成長80ステップ」のイメージ

ランク	トレーニー															スタッフ						リーダー						マネジャー						店長					
ステップ	1	2	3	4	5	6	7	8	9	10	・	・	・	・	・	・	・	・	・	・	・	・	・	・	・	・	・	・	・	・	・	・	・	・	・	・	・	79	80
項目	経営理念を暗記する																																						
社員月給	○○～○○万円																																						
PA時給	△△△～△△△△円																																						

※PA：パート・アルバイト

ンバーがどのランクにいるのかもガラス張りになっている。

トレーニー→スタッフ→リーダー→マネジャー→店長というキャリアパスごとに、その役割に必要なスキルや条件が記載され、その合計が八〇ステップある。ステップをクリアしている数が自分のランクだ。ランク別の給与も明確になっており、成長意欲が高いスタッフは、早ければ二年で店長になるという。

また同社は、この八〇ステップに基づいてスタッフ教育を体系化している。ステップの見える化が、社員が自律的に成長を目指すツールとして効果を発揮しているのである。

また、ある中堅商社は、商品アイテムが多く、営業担当の新入社員の育成に時間がかかるため、一年以内に即戦力化することを目指して取り組んでいる。具体的には、「新入社員スキルアップボード」を作成して、**図表23**のような掲示物を貼り出す方法をとる。新入社員の採用人数は数十名と多いので、先輩社員が顔と名前を覚えるためにボードへ顔写真を貼り、それぞれのスキルアップ状況が分かるようにしている。

ボードには、三・六・九・一二カ月と四半期単位で、その期間に経験すべきことや、経験を踏まえて発揮すべき成果項目を明示する。例えば、入社から三カ月以内に実施する経営理念研修の場合、その成果として「経営理念の暗記」という項目がある。

経験すべきことはほとんど計画通りに進むが、成果が計画通りに進まないこともある。２つ

図表23 ある中堅商社の新入社員スキルアップボード

新入社員	入社日	経過月	経験すべきこと			成果（経験を踏まえた成果）			エルダー
氏名 顔写真		入社３カ月	経営 理念 研修			経営 理念 暗記			先輩の 氏名
		入社６カ月							
		入社９カ月							
		入社12カ月							

の項目（経験すべきこと、成果）は、クリアしたら人事部が済印を押し、経験すべきことと比例して成果を出せていなければ、その遅れが見えるようになっている。

新入社員一人には先輩社員が一人、エルダー（指導担当者）としてついており、スキルアップの遅れは、先輩社員の指導力不足とも受け止められる。そのため、新入社員は当然ながら、先輩社員も緊張感を持てるようになり、育成スピードが上がったのである。

(8) 知恵の見える化

知恵の見える化のポイントは、ベテラン社員のノウハウやセンスなどをマニュアルとして見える化することである。

ある大手小売業では、売り場のディスプレーから接客、発注に至るまで、店舗運営に関する全てのやり方をまとめたマニュアルを作成し、効果的に活用している。「売り場づくり」「レジ業務・経理」など業務ごとに一〇冊に分かれ、総ページ数は約二〇〇〇ページにもなる。

このマニュアルは、店舗で働く現場の社員やパート・アルバイトの意見を吸い上げて作成したものであり、毎月更新している。現場でより良いやり方があれば、それを標準としてマニュアルを書き換え、常に進化させているのだ。

このマニュアルは、前述した人材成長八〇ステップと同様に、教育テキストとしても活用し、全体のレベルアップに役立っている。マニュアルが知恵の見える化ツールとして機能し、同社の成長スピードと業績を支えているのだ。

見える化は、この八項目のほかにも、さまざまな場面でマネジメントツールとしても活用できる。

ある中堅メーカーでは、生産本部長が中堅幹部メンバーに対して、通常業務以外の重点実施事項の期限管理をするツールとして、「三カ月重点実施事項管理表」を活用している（**図表24**）。同社ではこれを「デッドライン管理」と呼び、ＰＤＣＡサイクルを回すツールとしている。ちなみに、通常業務以外とは、中期経営計画や全社プロジェクトから発生する重要な業務である。

この管理表は、生産本部長の席の近くのホワイトボードに掲示され、中堅幹部メンバーにも見えるようになっている。期限が近い事項が完全に消し込まれているのかが一目で分かるため、それを見た中堅幹部メンバーが「デッドライン（期限）が迫っている」といった会話をしていることも珍しくない。

また、この管理表は、生産本部長から中堅幹部メンバーへの重点実施事項の配分が偏らないように配慮されることにもつながっている。業務の負荷が見えていないと、つい仕事を依頼し

図表24　ある中堅メーカーの３カ月重点実施事項管理表

月	Aさん		Bさん		Cさん		Dさん		Eさん		Fさん	
	実施事項	期限	実施事項	期限	実施事項	期限	実施事項	期限	実施事項	期限	実施事項	期限

やすいメンバーに仕事の指示を出してしまうものだからである。

「経営の見える化」の目的は、今まで見えていなかった、あるいは見えていたがはっきりしていなかったものを全社員に見える化し、その見えた内容を効果的に活用して、自律型組織風土づくりを行うことにある。社風改革のツールとして活用していただきたい。

4 企業DNA別の組織づくり

タナベ経営では、強い組織力を生み出す源泉は企業風土であると考え、この「企業の強みを育む風土」を「企業DNA」と名づけている。言い換えれば、企業DNAとは、企業の強み（持ち味）を育む組織風土である。

さらに、この企業DNAのタイプを、「顧客にとっての価値」という視点から、大きく4つのタイプに分類している。それは、「開発型」「先取りスピード型」「コスト型」「顧客利便型」の4つだ。これら各タイプの特徴と設計ポイントを説明するので、今後の組織づくりの参考にしていただきたい（**図表25**）。

図表25　企業DNA別の組織の特徴と設計ポイント

企業DNA	提供する価値	組織風土の特徴	組織づくりのポイント
開発型	独自性の価値	①固有技術の掘り下げに注力する ②他社のまねが嫌い ③自由裁量・自由な社風	①役職やポジションにこだわらない、オープンで自由度のある組織づくり（プロジェクト組織の活用） ②新しいことへのチャレンジを評価する ③自由裁量を広げる半面、やってはいけないことは明確にする
先取りスピード型	スピード対応の時間価値	①情報の先取りに価値を感じる ②意思決定、行動のスピードが速い	①現場でシーズやニーズをいち早くキャッチし、吸い上げる仕組み ②意思決定の迅速化（現場への権限委譲も含む） ③フラットな組織・機動力の高い組織づくり
コスト型	コストメリット	①お金にシビア ②無駄取りがうまい ③信賞必罰がはっきりしている	①コスト競争力を高めるスモールでフラットな組織づくり ②業績やコストのオープン化によるコスト意識の向上
顧客利便型	利便性の価値	①顧客ニーズにきめ細かく対応 ②真面目でよく働く	①顧客ニーズに対応できるフレキシブルな組織づくり

資料：『競争力を高める戦略連動型 企業DNA別人事制度』（タナベ経営発行）より作成

①開発型

開発型は、「独自性の価値」を顧客価値として、他にない独自の技術・商品・サービスを開発する特徴を持ち、メーカーに多い風土である。

独自性が生まれやすいように、役職やポジションにこだわらないオープンで自由度のある組織づくりや、新しいことへのチャレンジを評価するなどの工夫が必要である。

②先取りスピード型

先取りスピード型は、「スピード対応の時間価値」を顧客価値として、他社よりも新商品提供が速い、短納期対応ができるなどの特徴を持ち、メーカーや商社、サービス業などを中心に、多くの業種に当てはまる風土である。

現場でシーズやニーズをはじめとするさまざまな情報をいち早く吸い上げ、速い意思決定と対応を行うことが可能な組織づくりをする必要がある。具体的には、フラットな組織で機動力を高め、現場への権限委譲をするといった組織づくりである。

③コスト型

コスト型は、「コストメリット」を顧客価値として、他社よりも低い価格で商品・サービスを提供する特徴を持ち、下請型企業に多い風土である。

低価格実現のため、コスト意識の向上やオペレーションコストを下げることが求められるので、スモールでフラットな組織づくりが必要となる。業績やコストをオープン化し、コスト意識と無駄の排除を体質化することである。また、開発型とは逆に、信賞必罰のメリハリを付ける必要がある。

④顧客利便型

顧客利便型は、「利便性の価値」を顧客価値とし、商品・サービスの品ぞろえが豊富で、小回り対応ができる特徴を持ち、商社やサービス業に多い風土である。

顧客のニーズにきめ細かく対応するために、フレキシブルな組織づくりが必要となる。

5 組織力発揮の9つの条件

社員が自律し、それぞれが役割を担って全社の組織力を高めるためには、9つの条件が必要である。次に9つの条件を説明する（**図表26**）。

①社員に使命感を持たせる

自社の存在価値を示す経営理念を基盤とし、自社の社会的使命に基づいた仕事のやりがいが持てるように動機づけをする。

第1章「『拡大』の視点」で事例に挙げた仏壇・墓石販売の中堅小売業は、葬儀業界という特性上、質の高い社員の採用が思うようにできず、苦労していた。そこで、採用してから質の向上を図ろうと、社員教育に力を入れ始めた。

その中で、「自社の事業は、お亡くなりになった方の足跡を後世の方々に残すサポートをす

図表26　組織力発揮の９つの条件

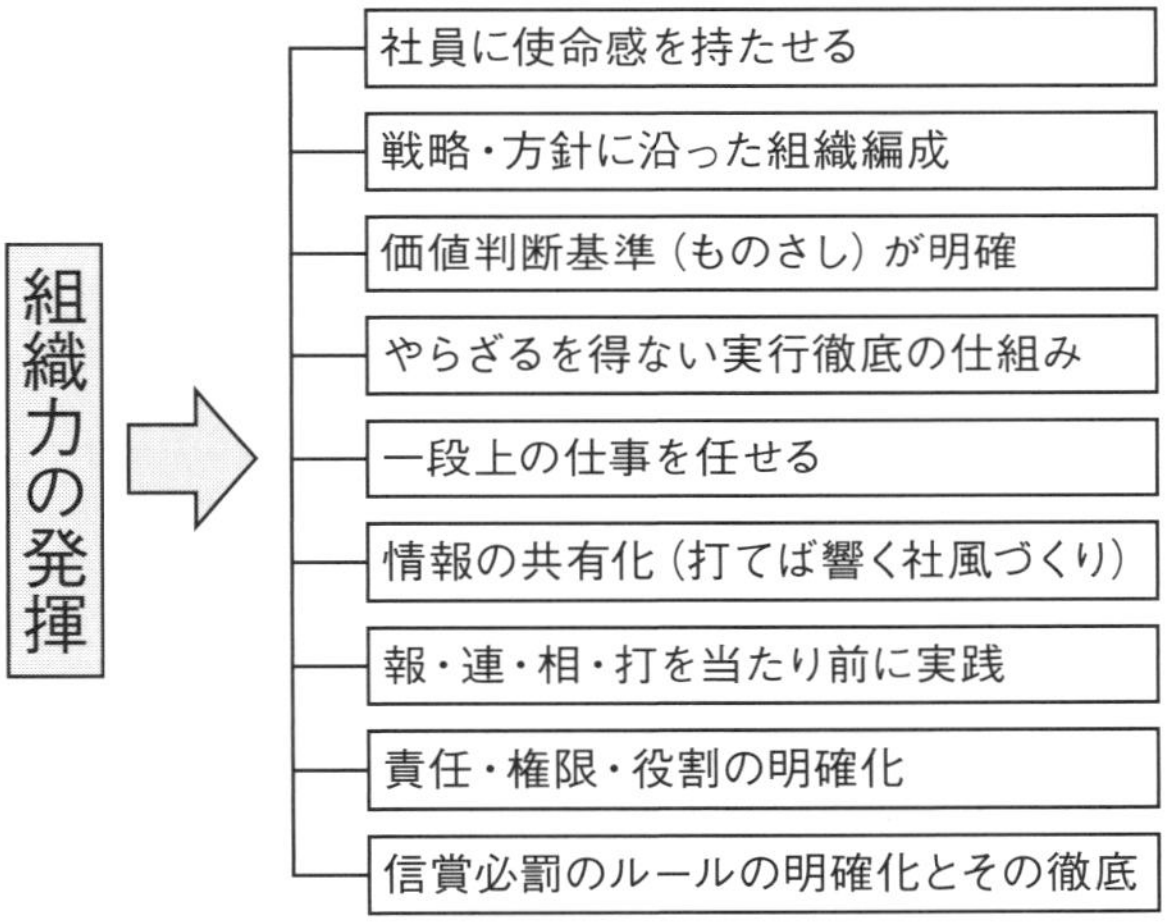

る大切な仕事である」ということを社員に納得・理解してもらうことによって、社員の使命感を高めている。実際に家族から寄せられた感謝の言葉や手紙を社内で共有し、仕事に対するモチベーションを維持しているのだ。

②戦略・方針に沿った組織編成

人的資源の配分や投資などが十分に行われず、戦略を推進できないケースをよく見受ける。しかし、戦略は資源配分が伴わないと「戦略」とは言えない。特に、組織編成や人的資源配分がないと、戦略自体が絵に描いた餅になる。

中堅規模以上の企業の組織変更は、社内外にインパクトを与える。組織力発揮のためには、戦略・方針に沿った組織編成が絶対条件なのだ。

③価値判断基準（ものさし）が明確

社員が自律的な行動を取るためには、経営理念・中期経営計画・経営方針・品質基準など、さまざまな基準の明確化が必要だ。特に、目標や期限など数字化できるものを極力、数字で表していくと、判断基準として分かりやすい。社員の受け止め方にズレを生じさせないためにも、価値判断基準を示すのだ。

また、やることを決めるのと同時に、やらないことを示すのも必要である。

あるオーダーメード専門バネメーカーでは、小ロットの特殊品製造を強みとすることから、「値引きしない」「ロットが多い注文は受けない」「納期が守れない注文は受けない」という「3つのやらないこと」を決めている。

オーダーメードで値引きしたらコストが合わなくなる。小ロットではない注文を受けると、値引き交渉をする得意先が出てくる。もともと量産用の設備ではないので、量産すると他の仕事が受けられない。無理な納期を受けると、他の生産計画に影響し、他の得意先からの信用がなくなる。以上の理由から、「3つのやらないこと」が、社員の価値判断基準として現場に浸透している。

④やらざるを得ない実行徹底の仕組み

決めたことを実行しなければ、成果は出ない。本章「『経営の見える化』による自律型組織風土づくり」でも述べたが、経営の見える化は、気づきや自発的実行を促す手段としても効果的だ。

人は意識しないと、「見れども見えず、聞けども聞こえず」という状態に陥る。実行徹底の仕組みが必要なのだ。会議で決定した事項の確認、デッドライン（期限）管理、評価制度など、自社の企業風土に合った仕組みを構築しなければならない。

⑤一段上の仕事を任せる

社員は仕事を通して成長する。言い換えると、上司による仕事の配分が、部下の成長を決めるといっても過言ではない。中期的な育成ビジョンを持ち、毎年、徐々に難易度の高い仕事を与えることが必要だ。部下は、難易度の高い仕事を終えるたびに、満足感・充実感や成長の実感を得られる。

また、部下に仕事を任せることで、上司も一段上の仕事に取り組むことができる。部下に一段上の仕事を任せることは、上司自身の成長につながる。

⑥情報の共有化（打てば響く社風づくり）

情報感度の高い社員がいる会社は、情報の共有化が速い。入手した情報を誰に流せば最も価値が高いかを知っている。

あるクライアント企業では、トップが不在だったプロジェクト会議が終了すると、トップが知っておくべき情報のポイントがメールで送られてくる。会議に参加したプロジェクトメンバーが、すぐに報告しているのである。

この情報共有の文化は、トップ自身が役員や社員に対してしっかりと情報発信を行うことによって培われたものであり、それが同社の競争力の源泉ともなっている。

⑦報・連・相・打を当たり前に実践

言うまでもなく、報告・連絡・相談・打ち合わせは企業の潤滑油として必要不可欠である。タナベ経営では、基本動作として、「ダブっても報告、スピーディーな連絡、素直な心で相談、綿密な打ち合わせ」と提唱している。

これを当たり前に実践している会社は、組織力が高い。情報の共有化と同様に、トップや幹部から報・連・相・打を実践することが必要である。

⑧責任・権限・役割の明確化

中堅規模以上になると、トップに権限が集中し、それが意思決定のスピードダウンや経営幹部の成長の妨げにつながることがある。第4章で説明する「決裁システム・チェックシステム」を活用して責任・権限・役割を明確にし、自律型の経営幹部人材を育成することが必要である。幹部に責任がないと、部下は幹部を飛び越えてトップに指示・決裁を仰ぐことになり、幹部の存在価値がなくなるからだ。

⑨信賞必罰のルールの明確化とその徹底

経営方針に従って成果を出した社員が報われる仕組みや、組織の当たり前のルールとして「やってはいけないこと」を明確にする必要がある。また、そのルールを決めたら、その通りに運用していくことが社員への約束であり、トップや幹部にはその約束を順守することが求められる。

日本の天台宗の開祖である最澄の言葉に、「一隅《いちぐう》を照らす、これ則《すなわ》ち国宝なり」というものがある。それぞれの立場で精一杯、努力する人は皆、何者にも代えがたい大事な国の宝だ」という意味だ。企業の中でも、表舞台で活躍している人だけでなく、縁の下で役割を担っている社員をしっかりと評価する必要がある。

第3章

「次世代経営幹部育成システム」の革新

1

次世代経営幹部人材の育成が進まない3つの理由

タナベ経営の創業者・田辺昇一の格言の1つに、「事業成功五〇点、事業承継を終えて一〇〇点」がある。経営者は事業を成功させて五〇点、さらに事業承継も成功させて一〇〇点満点、という意味だ。

多くの経営者はそのことをよく分かっているのだろうが、いざ自分のこととなると別である。事業承継を計画的に、着実に実行するということは、自分で自分の存在感を徐々に希薄にしていくことと同義であるからだ。故に、優秀なカリスマ経営者ほど一〇〇点を取るのが難しい。

しかし、全ての人間に寿命がある以上、事業承継を行わなければ、会社は必ずつぶれる。その課題に取り組まない経営者は、会社の永続発展にブレーキをかける「問題者」であるといってても過言ではない。

事業承継によって自社を永続発展させるためには、次世代経営幹部の人材育成が必要不可欠となる。だが、これがなかなか進まない。その理由は、「与えるポストがない」「育成する仕組みがない」「トップが任せることができない」の三点である。この三点について、次に詳細を述べる。トップ以下現経営幹部の全員が、これらを重要な経営課題と認識し、解決に向けて取り組まなければならない。

(1) 与えるポストがない

国内の人口構造問題と同じく、社歴とともに社員の平均年齢も高齢化する。高齢の経営幹部が長期にわたってポストを維持するため、次世代の経営幹部人材に与えるポストが少なくなってしまうわけだ。

「元気な高齢者が働ける環境づくり」という課題は別として、今後の永続発展を考えるならば、経営幹部メンバーも老壮(老年、壮年)のバランスが重要である。「経験豊富な経営幹部」と「挑戦意欲の高い、若い経営幹部」を組み合わせたり、若い人材に早いうちから経営幹部候補として経験を積ませたりすることが育成につながる。

実際に「与えるポストがない」と主張する会社を見ると、近年成長しておらず、新しいポストを創造できていない場合が多い。しかし、新ポストの創造ができないことを、定年延長や業績の横ばいによる新規採用抑制などのせいにしてはならない。既存事業の成長・拡大や新規事業開発の取り組みによって、新たなミッションを創造することこそが、新しいポストの創造につながるのだ。

また、長らく同じ組織図のままで変更がない場合も、組織の硬直化が深刻な状況となっていることが多い。特に、機能別組織を長期間続けてきた会社は、機能責任者である部門長に、部門利益代表者としての部門最適主義・思考が染みつく。部門長育成の仕組みとしては良いが、全社的視点に立てる経営幹部人材が育ちにくい状況になってしまっているのである。

「組織は戦略に従う」(アルフレッド・D・チャンドラー)といわれるが、現時点で会社の成長が鈍化しているなら、組織を「リ・デザイン」してみることだ。事業部制への移行、重点分野に対しての組織の外出し化(新設部門の設置)、または重点事業への事業部制の導入、全社横断プロジェクトの組成、全社横串機能としてのスタッフ機能の充実などに取り組むのも良い。

さらには、若手メンバーのポストを創造するために、高齢化した幹部メンバーに対する計画的な処遇も必要になってくる。高齢でも意欲的に活躍するメンバーはいるが、次世代のメンバーとの世代ギャップが大きくなることによる影響を考えると、中長期レンジで世代交代を計画し、実行することが求められる。

また、こうしたさまざまな計画を着実に実行・推進していくために、会社として、仕組みを用意していくことも必要だ。例えば、ある会社は役職定年制度を導入し、経験値の高い高齢メンバーが技術や現場のサポートをする部門・役割の新設、子会社へ役員として異動することなどを仕組み化している。

大切なのは、優秀で心身ともに元気な幹部が、役職定年後や定年退職後にライバル企業に入社し、自社のノウハウ流出や競争力低下を引き起こさないようにすることである。

私のクライアント企業にも、高齢ではあるが、心身ともに健康で高い技術力を有する人材には、現場作業者でなく現場指導者（技術マイスター）として技術指導やノウハウ伝承を行ってもらい、現場力の向上を図っているところがある。さらに、ライバル企業を退職した高い技術力を持つ高齢人材を積極的に採用し、自社にない技術の吸収にも努めている。

(2) 育成する仕組みがない

育成する仕組みとは、教育だけを指すのではない。経験・体験も含めた仕組みがないと、これまで部門長として成果を出してきた人が、取締役になったとたんに取締役としてのパフォーマンスが発揮できないといった状況に陥ることもある。これは、取締役には全社視点での意見や価値判断、法律上の責任が求められ、部門長だったときとは違う能力が要求されるからだ。

私は、中小企業に限らず、中堅企業や上場企業でもそうした例を多く見てきた。

ある中堅企業では、ライン部門の若い中堅幹部で優秀なメンバーを経営企画部へ異動させ、全社の中期経営計画の策定や、子会社の年度予算・アクションプランの策定支援、トップの特命事項としてのM&A関連業務などに携わらせることにより、経営感覚を身に付けさせている。

子会社のトップと予算折衝を行い、グループ全体の中期経営計画を推進するリーダーシップが要求されるため、その経験が経営者としての意識と視点を高めるのである。そして、二〜三年、経営企画部を経験させた後に、子会社の部長や事業部長も経験させ、それから本社の経営幹部へ登用することが、育成の仕組みとして機能しているのだ。

また、次世代経営幹部を育成する教育制度はあっても、ある一定の役職・ポジション（部長、次長など）にならないと、教育自体を受けられないことも多い。この場合、上位の役職・ポジションに就くには経験・実績が必要であり、若い柔軟な発想を持つ中堅クラスのメンバーが教育を受けられないといった制約がある。

タナベ経営では、次世代経営幹部を育成（教育）する際、組織をナナメ切りにした人選を行うことが多い。それは、役職・ポジションが制約条件になると、若い優秀な中堅クラスのメンバーが人選から漏れてしまうからであり、それを防止するためである。

若い中堅クラスメンバーの考え方は、部長・次長クラスより部門業績意識が低い分、柔軟な発想を持っており、全社最適の意見だったり、本質的な課題を捉えた解決策だったりすることがある。実際に議論の中で革新的な意見が出て、それを中期経営計画の重点戦略の1つとしたケースも多い。

次世代経営幹部育成の仕組みは、若いうちから全社視点・経営感覚を高めるために、経験・体験を積ませる場面を意識してつくる必要があるのだ。

(3) トップが任せることができない

事業を成長させた成功体験のあるカリスマワンマン経営者ほど、事業承継のタイミングを逃し、次世代に任せることができないでいるケースを多く見かける。カリスマワンマン経営者には、卓越した先見力・意思決定力・リーダーシップ力があるため、トップ以外の取締役や社員は長い間にトップダウンスタイルが身に付いてしまい、受け身型になっている場合が多い。

トップから見ると、それが譲れない理由として映る。受け身型の根本理由はトップ自身にあることを知ってはいるものの、いざ経営課題が目の前にあると、自身で解決に挑んでしまうのがカリスマワンマン経営者でもある。事業承継が進まない最大の要因はトップ自身の問題ではあるが、永続発展に向けて経営幹部陣でこの問題に取り組んでいく必要がある。

もちろん、譲る側が計画的にバトンタッチをし、事業承継の終盤期には大所高所から助言をするといった形が理想的だが、譲る側にしても事業承継は初体験であるため、なかなか理想通りには進まないのが現状だ。

バトンタッチ後の会長としての役割を明確にし、事業承継をうまく進めた会社がある。同社の会長は、五年先の長期レンジでの新規事業や社外の業界活動を担当。社長は中期レンジでの本業の事業成長と経営安定に取り組む。この役割分担で上手に二人三脚を進め、今や会長は取締役を退任し、相談役となっている。

譲る側の経営者は、これまで四六時中、自社のことを考え走り続けてきた。結果、いざバトンタッチをすると、自分の存在感ややりがいがなくなって寂しいものである。事業承継カレンダー（図表27）の中で、譲る側であるトップのバトンタッチ後の役割を明確に示すことも、譲る側を安心させることになる。

2　五年後、一〇年後の組織図が描けるか

人の命は有限だが、企業は永続発展を目指す。とすれば、世代交代は必須となる。タナベ経

図表27　事業承継カレンダー（例）

		年	今年	1年目	2年目	3年目	4年目	5年目	6年目	7年目
基本事項	創業からの年数		61年	62年	63年	64年	65年	66年	67年	68年
	承継までの年数		4年	3年	2年	1年	承継			
	社長の年齢		69歳	70歳	71歳	72歳	73歳	74歳	75歳	76歳
	社長の役職		代表取締役社長	代表取締役社長	代表取締役社長	代表取締役社長	代表取締役会長	代表取締役会長	代表取締役会長	相談役
	新社長（後継者）の年齢		43歳	44歳	45歳	46歳	47歳	48歳	49歳	50歳
	新社長の役職（責任）		専務取締役	専務取締役	取締役副社長	取締役副社長	代表取締役社長	代表取締役社長	代表取締役社長	代表取締役社長
	現幹部の年齢・役職	専務	65歳	66歳（退任）						
		常務	68歳	69歳	70歳	71歳	72歳（退任）			
		営業部長	60歳	61歳	62歳	63歳	64歳	65歳（退職）		
		生産部長	56歳	57歳	58歳	59歳	60歳	61歳	62歳	
		総務部長	43歳	44歳	45歳	46歳	47歳	48歳	49歳	50歳
承継までにやるべきこと	ヒト対策	後継者教育プログラム		「後継経営者スクール」の受講	経営者教育（新・中期経営計画の素案作成）→	人脈継承を本格化	社長人脈の構築 →			→
		新幹部育成プログラム		1. 営業幹部候補採用 2. 総務幹部候補採用 ※1、2とも30代前半が理想	新幹部教育スタート → 「プロ戦略幹部スクール」の受講 →	実務経験3年 →		新内閣として役員登用	新内閣の実質的な発足 →	→
	カネ対策			金融機関へ新社長が後継者として挨拶	相続対策を実施	税務知識などの継承 →				→
	資本対策	社長	40%	40%	30%	20%	20%	20%	20%	20%
		専務	15%	15%	15%	15%	15%	15%	0%	0%
		常務	15%	15%	15%	15%	15%	15%	15%	10%
		新社長	20%	20%	30%	40%	40%	40%	55%	60%
		新社長の配偶者	10%	10%	10%	10%	10%	10%	10%	10%
		合計	100%	100%	100%	100%	100%	100%	100%	100%
	新・中期経営計画（5カ年）			ジュニアボードによる新・中期経営計画の策定準備	→	現社長と新社長で今後の方向性を決定	新・中期経営計画の発表	→	新・中期経営計画の推進	→

営でも、「一〇〇年先も選ばれるファーストコールカンパニー」となる五つの条件の1つに、「事業承継の経営技術」を掲げている。

世代交代時期がいつになるかは各社によって異なるが、少なくとも五年後の組織図が描けるか、あるいは一〇年後の組織図が描けるかといった問いに対して、トップまたは役員陣として回答できるだろうか？

一〇年スパンで考えると、さまざまなリスクが考えられる。例えば、一〇年後に経営幹部陣が一〇名必要なら、現時点で一〇名の候補者だけでは間違いなく不足する。また、事業を成長発展させれば、現時点で一〇名必要な経営幹部が一五名必要になっていることもある。

よって、タナベ経営では、一〇年後に一〇名の経営幹部が必要なら、その三倍の三〇名くらいの候補者を育成していく必要があると提言している。

実際に、グループ七〇社を有するIT系の中堅企業では、創業社長の息子二名（兄弟）への事業承継に当たり、将来七〇社の各トップとなる候補者として、七〇社×三名＝二一〇名を約二〇名ずつ、ビジネススクール形式で教育している。グループ各社の次世代経営幹部候補者の人心掌握と、創業社長の価値観の承継を行い、候補者のレベルアップを図っているのである。

五年後の組織図に経営幹部の個人名を記入できても、一〇年後の組織図に経営幹部の個人名を半分以上記入するのは難しいかもしれない。また、一〇年後の組織図にトップ自身の名前が存在するかどうかも悩ましい問いである。

ある中堅運送業は、社長（七五歳）、その息子（専務五〇歳）、さらに専務の息子（主任二五歳）という三世代が社内にいる企業である。社長は「来年、専務にバトンタッチする」と言い続けて三年が過ぎ、専務のモチベーションが下がっていた。

借入金は年商の約四〇％と多く抱えているものの、幸い会社は順調に成長し、計画的に借入金の返済もできていた。社長は「なんとか借入金を減らしてから、息子にバトンタッチを」と考え、これまでに至ったのだ。

だが、同社の最大のリスクは、カリスマ経営者である社長の事故や病気などによる急な引退である。そこで、私は社長と一緒に五年後、一〇年後を考える組織ビジョンを検討した。事業承継カレンダーの五年後の役職・年齢の欄に、専務は「社長・五五歳」、社長は「会長・八〇歳」と記載したところ、社長は専務の年齢を見て、さすがに五五歳では肉体的にもかわいそうだとの親心が出て、バトンタッチは専務が五二歳のときとなった（それでも遅いが……）。

さらに、五年後の組織図を検討した際、社長は経営幹部メンバーの個人名の半分が記入できなかったことに強烈なショックを受けた。経営幹部候補人材の育成をおろそかにしてきたことをあらためて認識したのである。言うまでもなく、一〇年後の組織図の個人名は空白だらけだった。

3 次世代経営幹部に必要な「2視点3スキル」

社員は仕事を通じて成長する。知識だけでなく、経験や実践を通して成長していくのだ。全社員が将来の経営幹部として、知識のインプットや経験・実践のできる環境をつくることができればよいが、そうした環境整備は、現実には難しい。

そこで、特に経営幹部候補者へ教育を実施する際には、「2視点3スキル」（**図表28**）を高めてほしいと伝え、それを高めるカリキュラムづくりをしている。

2視点3スキルとは、「全社的視点（経営者感覚）」「経営視点（バランス感覚）」「意思決定力」「ビジョン構築力」「リーダーシップ力」である。

①全社的視点（経営者感覚）

全社的視点とは、ここでは最終責任者としての経営者感覚を指す。実際にトップに立たない

図表28	２視点３スキル

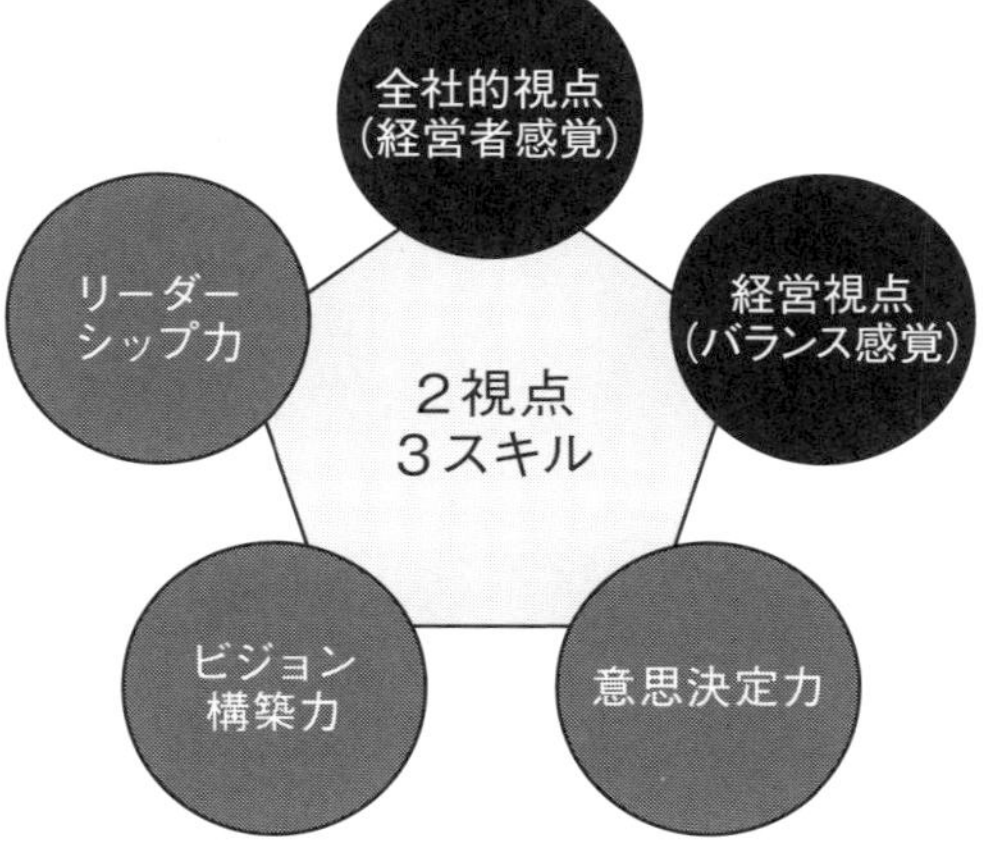

と、本当の意味で経営者感覚にはなれないが、近づくことはできる。例えば、山頂に立てば山の裏側が見えるが、登っている途中の人に裏側は見えないのと同じである。

これまで数多くのトップ交代を目にしてきたが、新社長に話を聞くと、「社長になると副社長や専務時代とは全く違う」と言う。責任の重さや周囲からの見られ方も違ってくるからだ。特に、借入金関連の書類への捺印には相当のプレッシャーを感じるようで、「社長就任後の最初の借入金への捺印は、深呼吸をして紙が破れるくらい思い切り押した」と話してくれた社長もいるほどである。

経営者感覚を磨くには、自社のトップ（他社のトップも含む）との接点を多く持ち、なぜトップがその決断・判断をしたのか、あるいはトップならどうするかを考えることが重要である。できれば毎日、トップに報告・連絡・相談を行い、価値判断基準を学ぶことで、最終責任者として「会社はわが身」という経営者感覚を磨いていくことだ。

②経営視点（バランス感覚）

経営視点とは、ここではバランス感覚を指す。幹部の多くは、部門間の人事異動がないと1つの部門しか経験していない。もし人事異動があっても、多くとも二～三カ所の経験しかない場合が多いため、ある意味〝専門バカ〟でもある。経営幹部候補者は、経験がなくてもある程度、全部門に関する知識が必要になってくる。

トップは最終責任者として、全部門の最終責任を担っており、全部門の重要な情報が入ってくる。だからバランス感覚が身に付く。欧米企業では、トップになる人には内部監査室を経験させ、全部門の業務内容を理解させるところもあるようだが、中堅・中小企業でそれは難しい。また、オーナー家の後継者は別として、全部門を経験させる人事異動を行うのも現実的ではない。

だから、経営幹部候補者には、意識して全社的な活動や役割を与え、全社的な課題解決やミッション推進を通じてバランス感覚を身に付けさせる必要がある。幹部会議での全社および他部門の課題認識や、バランス感覚に優れたトップの価値判断を学ぶ良い機会にもなる。経営幹部候補者には、若いうちからバランス感覚を高める経験を数多くさせていくことが重要なのである。

③意思決定力

意思決定力を高めるには、「決める経験」を数多くすることだ。最近、私より若い経営者と会う機会が徐々に増えてきたが、中には私より年上のような、落ち着いた安心感のある経営者もいる。

話を聞くと、その経営者はこれまで幾多の苦労を経験し、自分の意思で決断し、道なきところに道を開いてきた人であることが分かる。決めることは自分の意思であり、その決定には責任が伴う。幹部は経営者と比べると、本当の意味で責任が伴う意思決定をしてきた経験は少ない。ましてや、カリスマワンマン経営者のもとでは、意思決定をする前に経営者が決めてしまい、その経験すら皆無に等しくなる。

だからこそ、何事にも「自分はどうしたいか」という考え方を持つ癖を付けさせるのだ。問題が起きて、「どうしましょうか?」と言っているだけでは、意思決定力は高まらない。手間はかかるが、「あなたはどうしたいの?」と投げかけ、その考え方にアドバイスをする方が価値判断基準が上がり、意思決定力も高まる。

④ビジョン構築力

ビジョン構築力とは、単に夢を描けるだけでなく、ビジョンの実現に向けてストーリー設計ができる力を指す。〝数字合わせ〟のビジョンでは意味がない。

他社との競争優位性を明確に打ち出しにくい中で、いかにそれを描いていくのか。最近は、同業種よりも異業種に学ぶことが大いにある（詳細は第1章を参照）。また、競争優位戦略を損益計算書や貸借対照表などの数字に落としてみると、実現可能かどうかが見えてくる。大事なのは、単なる数字合わせにならないことである。

⑤リーダーシップ力

リーダーシップ力とは、一言で表すと実行推進力である。いくら戦略や方針が優れていても、実行しなければ成果は生まれない。つまり、実績・成果を出していない社員は、経営幹部に登用できない。

経営幹部には、与えられた条件のもとで最大限の成果を出すか、条件を超えて権限を持つ人に影響を与え、実行してもらうことで成果を出させる力が必要である。やり方が多少間違っていても、実行すれば何もやらないよりは成果が出る。一段上の仕事にチャレンジできる場を与え、実行推進のリーダーシップ力を高めるのだ。

4 ジュニアボードシステム

タナベ経営では、次世代経営幹部人材の育成にジュニアボードを活用するケースが増えてきた。ジュニアボード（青年取締役会）とは、若い中堅幹部を青年取締役として任命し、経営全般に関する課題やビジョンについて、現取締役と同じように討議させ、そこで生まれた若い人の感覚によるアイデアを取締役会に答申させて、良い点を取り入れていく仕組みである。同時に、その過程を通じ、次世代経営幹部の育成や次世代体制づくりを行うのにも、極めて高い効

図表29　ジュニアボード活用の4つのポイント

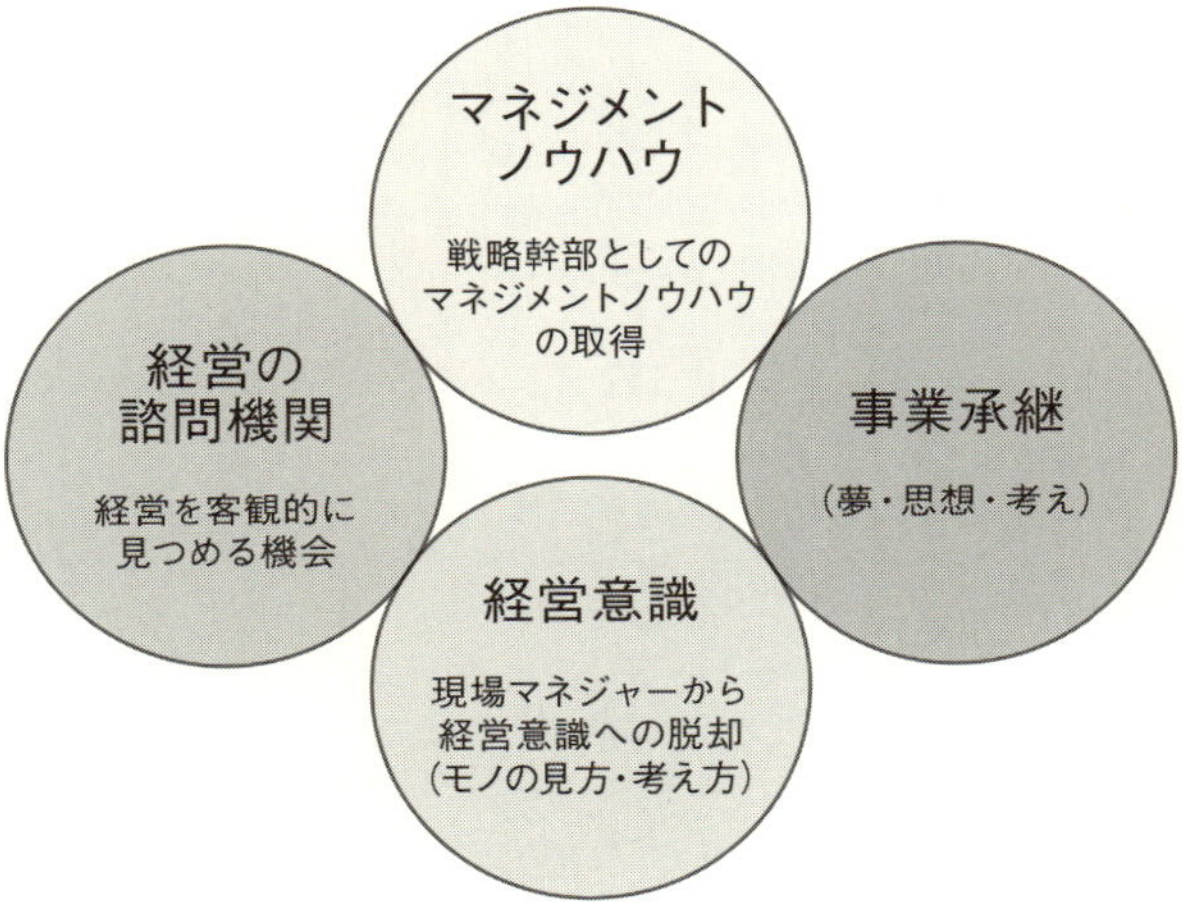

果を発揮する。

（1）ジュニアボードの効果と、4つの活用ポイント

ジュニアボードを効果的に活用するには、4つのポイントを押さえることが重要である（図表29）。

①マネジメントノウハウ

自社の現状認識と、今後の進むべき方向を自由に考え、発案させる場をつくることで、実践的なマネジメント力を習得させる。討議の前には、課題を押さえる上での価値判断基準を持たせるためにも、毎回テーマに沿った講義を実施するとよい。

②事業承継（夢・思想・考え）

全社ビジョン・方針の策定プロセスに参画することにより、「自分ならどうするか」と考え、経営陣と同じ価値観を持たせる。

また、創業時の思いや自社の存在価値を再確認することで、経営理念や事業理念への思いを深める。「不易流行」の「不易」として残すもの（承継すべき思想や考え方）を明確にする。

③経営意識

討議テーマは、これからの自社をつくるものである。これまで自部門のことしか考えていなかったメンバーに、青年役員として全社的視野で考えさせることで、自身の専門分野に偏ることのない経営意識を醸成する。

④経営の諮問機関

経営の諮問機関として、社内のマネジメントシステムの中に位置づければ、単なる教育ではないことが理解できる。また、メンバーには、最終成果物としての中期経営計画策定などを前提に、経営を客観的に見つめ、論理的思考で意見具申する力を付けさせる。

(2)ジュニアボードの基本カリキュラムとスケジュール

基本カリキュラムは**図表30**の通りである。各回一泊二日で、一カ月に一回、開催することを推奨している。

一泊二日を推奨する理由は、一日目の夜は制約を設けず議論が深まれば、予定時間を延長しても侃々諤々《かんかんがくがく》と議論できるからである。また、開催期間をあけすぎると間延びし、短いと予習の時間が取れないことから、一カ月に一回という開催頻度を基本にしている。

全体の構成については、第一～五回で知識のインプットと、課題や改善の方向性の目線合わせをし、第六～七回にジュニアボードメンバーの意思をまとめ、成果物として中期経営計画を

図表30　ジュニアボードの基本カリキュラム

回	基本テーマ	主な内容	学ぶべきポイント
1	経営幹部としての使命と経営理念	(1) 基本講義　「経営幹部の使命と役割」「経営理念・事業理念の浸透」 (2) 討議　「経営幹部としての課題と改善策」「経営理念の再認識および事業理念設計」	(1) 次世代幹部しての心構えや責任を再認識 (2) 経営理念・事業理念の必要性・重要性の再認識
2	業績分析と収益・財務戦略	(1) 基本講義　「収益構造強化策」「自社の業績を上げる指標の見方・捉え方」 (2) 討議　「収益構造から見た課題と改善策」「財務課題と改善方針設計」	(1) 自社の収益構造および改善策 (2) 自社指標・業績指標の設計 (3) 主要ライバル・モデル企業との比較分析から改善課題を明確化
3	事業戦略①	(1) 基本講義　「マーケット分析と成功要因分析」 (2) 討議　「マーケット分析から見たチャンス・リスクとビジネス上の課題」「自社の強み・弱み分析」	(1) 自社を取り巻く経営環境の把握 (2) 自社の強み・弱みの再認識
4	事業戦略②	(1) 基本講義　「ビジネスモデルとポジショニング分析」「競争力強化と競争優位戦略」 (2) 討議　「ポジショニング分析」「競争力強化と事業競争優位戦略の構築」	(1) 自社の進むべき方向 (2) 事業ポジショニングを明確化 (3) 自社の成長モデルを設計
5	組織・人材・マネジメント力の強化	(1) 基本講義　「組織戦略と組織力・人材力強化の着眼」「マネジメント力強化の着眼」 (2) 討議　「組織活性化策・人材育成の基本方向と組織設計」「組織デザイン設計」「マネジメント強化策設計」	(1) 組織図設計手法 (2) 組織活性化のための風土・制度改善手法 (3) 人材育成プログラム策定法 (4) マネジメント（業績管理・方針管理など）の手法
6	中期経営計画作成①	(1) 基本講義　「中期経営計画策定の基本」 (2) 討議　「中期経営計画骨子・重点施策の策定」	(1) 事業戦略・経営戦略設計（根拠づけ） (2) 数値計画への落とし込み方
7	中期経営計画作成②	(1) 基本講義　「アクションプラン策定と実行徹底法」 (2) 討議　「アクションプラン策定」「取締役会報告資料の取りまとめ」	(1) 実行具体策の策定 (2) アクションプランへの落とし込み方

※基本は各回1泊2日実施を推奨。

完成させる。また、中期経営計画を策定済みで、その中間期である場合などは、そのレビューや修正、あるいは重点戦略の深掘りを行うなどして、中期経営計画の理解度や推進力の向上につなげる場合もある。

第一回は、次世代経営幹部としての使命と役割認識から入り、自社の創業の原点である経営理念や、経営者の事業への思いを理解することからスタートする。

第二回では、マーケット環境の分析を実施する場合もあるが、これまでの経験を踏まえると、自社の収益構造や財務体質を分析する方が良いようだ。数字で自社の収益構造を認識することが、今後の課題を捉える上でもロジカルな思考になるからである。それに、最初に収益構造を理解していないと、定性的な議論に終始し、根拠を数字で示すという視点が弱くなる。

第三～四回は、外部環境や自社の強み・弱みを踏まえて事業戦略を議論し、競争優位戦略の方向性の目線合わせをする。

第五回では、組織・人材・マネジメント力について議論し、戦略と組織の整合性や組織力・人材力強化、マネジメント力強化の方向性の目線合わせをする。

第六～七回には、第一～五回で目線合わせをした改善方向をベースに、中期経営計画として戦略骨子や数値計画、重点施策、アクションプランなどをまとめていくことになる。ただし、若く経験の浅い中堅幹部メンバーで中期経営計画を策定することになるため、論点は事前にトップと打ち合わせる必要がある。

ジュニアボードの基本スケジュールは、図表31の通りである。拠点数が多い企業の場合、全国どこからでも集合できるように午後一時スタートとし、終了時刻も解散して各地に帰れるように午後三時とする場合が多い。一日目は午後九時終了としているが、前述のように、議論が深まれば延長する場合もある。

(3) ジュニアボードの活用事例

ある中堅自動車部品メーカーが行った事業承継の取り組みの1つとして、ジュニアボードを活用した事例を紹介しよう（図表32）。

同社の新社長は、四四歳で社長に就任。同年、現役員陣と一緒に中期経営計画を策定した。実は当時、現役員陣はほぼ全員が五年以内に定年を迎えることになっていた。そのため、五年以内に次世代の経営幹部人材を育成しなければならないとの危機感から、ジュニアボードを実施した。

しかし、一〇名いるジュニアボードメンバーの中から経営幹部を数名登用すると、経営幹部候補人材が不足するという問題が露呈した。つまり、次々世代の経営幹部人材が足りなかった

図表31　ジュニアボードの基本スケジュール

各回基本スケジュール（1日目）

No.	時間	内容
1	13:00～13:10	オリエンテーション
2	13:10～13:30	トップまたは役員講話 「わが社の幹部に望むこと（例）」 ※毎回テーマを決めて講話
3	13:30～14:00	問題提起 「中期経営計画達成に向けての問題提起」
4	14:00～15:00	講義1 ※毎回の基本テーマが講義テーマ
5	15:00～18:00	ディスカッション1 ※毎回の基本テーマがディスカッションテーマ
6	18:00～19:00	夕食・休憩
7	19:00～20:50	ディスカッション1の続き
8	20:50～21:00	1日目のまとめ

各回基本スケジュール（2日目）

No.	時間	内容
1	9:00～9:10	オリエンテーション
2	9:10～10:10	講義2 ※基本テーマの詳細項目が講義テーマ
3	10:10～12:00	ディスカッション2 ※毎回のテーマを自社・自部門・他部門の現状認識と対策を検討する
4	12:00～13:00	昼食・休憩
5	13:00～14:40	ディスカッション2の続き
6	14:40～14:50	次回準備すべき事項
7	14:50～15:00	まとめ
8	15:00	解散

図表32　ある中堅自動車部品メーカーの事業承継の取り組み

中期経営計画期間			—	中期3カ年期間			中期3カ年期間		
年度			2014年度	2015年度	2016年度	2017年度	2018年度	2019年度	2020年度
育成目標	ビジネススクール（ジュニアボード）	役員・経営幹部候補	第1期 10名			第2期 10名			第3期 10名
	ネクストリーダースクール	幹部候補		第1期 10名～15名	第2期 10名～15名	人選	第3期 10名～15名	第4期 10名～15名	人選

のである。

そこで、次々世代の経営幹部人材育成として、ビジネスのベーシックスキルであるリーダーシップやロジカルシンキング、財務などを学ぶ「ネクストリーダースクール」を実施することにした。

同社は現在、三カ年の中期経営計画に合わせて、計画の一年目、二年目にネクストリーダースクールを開催し、その中から優秀な人材を人選して第二期ジュニアボードを実施するというサイクルを確立。トップは一〇年の承継カレンダーを作成し、計画的な人材育成と人材登用を行っている。

（4）ジュニアボード成功の一〇のポイント

ジュニアボードを成功へ導くには、次に挙げる一〇のポイントを押さえることが重要である。

①トップ直轄機関・プロジェクト的役割

ジュニアボードを教育と位置づけ、人事部や管理本部の管轄で実施すると、ジュニアボードメンバーのスキルアップが目的となるケースが見られる。トップ直轄機関の全社的なプロジェクトと位置づけ、トップと目線合わせをしながら進めることが望ましい。

トップが多忙で関わりにくい場合は、全社の横串機能である経営企画責任者などを窓口とし、トップの意向を踏まえた上で進める。なぜなら、全社視点での価値判断力が優れた人との目線合わせが必要だからだ。

また、事前に成果物（中期経営計画など）を決めてからスタートすると、プロジェクトとしてのミッションが明確になる。

②マネジメントシステムとして機能させる

ある中堅建材商社では、ジュニアボードメンバーに中期経営計画案を取締役会に答申させ、取締役会メンバーからの質問や要望事項を踏まえて、中期経営計画を完成させる役割を担ってもらっている。中期経営計画の作成プロセスが、同社のマネジメントシステムとして機能しているのだ。

③主体的な意思決定（戦略、投資）

本章「次世代経営幹部に必要な『2視点3スキル』」で説明した通り、「決める経験」はジュニアボードメンバーの成長にも効果的である。自社の限られた経営資源をどう配分するかという戦略と投資について議論させ、主体的な意思決定をさせることだ。

よって、ジュニアボードで数値計画を策定することは必須条件となる。数字のない意思決定は抽象的になり、緊迫感に欠けて意思表示としては弱くなるからだ。

④一泊二日型を推奨（徹底議論、志の共有）

本章「ジュニアボードの基本カリキュラムとスケジュール」のスケジュールの項で説明したように、徹底して議論し、寝食を共にすることは、本音での討議や価値観の共有化につながる。日々の業務では、業務に関する会話はしても、中期的・全社的視点で議論することはほとんどない。一泊二日でその効果を最大限に高めるのだ。

⑤参加メンバーを役職で選抜しない

本章「育成する仕組みがない」でも述べたが、現在の役職で選抜すると、優秀で若いメンバーが人選から漏れてしまうことになる。全社横断の組織ナナメ切りで人選を行うことがポイントだ。

人選に漏れたメンバーには、前述した中堅自動車部品メーカーの事例のように、ネクストリーダースクールなどの育成メニューを用意する方法もある。

⑥後継者がいる場合は、後継者を中心とした年齢で参加メンバーを編成（後継者の年齢の前後七歳を目安とする）

後継者の育成とともに、後継者を支えるブレーンづくりにジュニアボードを活用するケースも多い。その場合の年齢構成は、後継者との世代ギャップを考慮し、後継者の年齢の前後七歳程度を目安としてブレーン候補メンバーを選抜する。

後継者の年齢が若い場合には、先に現経営幹部陣とのビジョンボードを実施し、次に前後七歳のメンバーを選んでジュニアボードを実施するという方法もある。

⑦社内でのジュニアボードのネーミング

ダイレクトに「ジュニアボード」という名称を使用すると、「参加メンバーは将来、役員になるものだ」と社内や本人自身も勘違いすることがあるため、ジュニアボード名を変えることが多い。その場合のネーミングには、例えば、ビジネススクールや経営塾、ビジョン委員会、中期計画策定プロジェクトなどがある。

⑧自社財務・収益構造分析を早い段階で実施

本章「ジュニアボードの基本カリキュラムとスケジュール」のカリキュラムの項で述べた通り、財務が苦手なメンバーが多いからといって、カリキュラムの終盤に財務・収益構造分析を実施すると、議論全体が定性的なものになってしまうケースが多い。

前半で自社の財務・収益力分析を実施することにより、問題点を数字で押さえる必要性や、改善根拠を数字で示す必要性を理解することができる。

⑨コーディネートには外部のコンサルタントなどを活用

社内メンバーで議論のコーディネートを行うと、コーディネーターの先入観・価値観で議論の方向性が導かれたり、役職原理が働いて下位役職者が発言しにくかったりすることがある。客観的な第三者である外部のコンサルタントなどを活用すると、そうしたことを防ぎやすい。

⑩実施後に経営幹部に登用し、推進責任者へ

「2視点3スキル」でも述べたが、リーダーシップ力を発揮して中期経営計画を実行してもらうためには、策定した計画を実行推進する責任者にジュニアボードメンバーを登用するとよい。できれば即、登用したいが、遅くとも熱が冷めないジュニアボード実施一〜二年以内に登用すると効果が高い。

中期経営計画を策定したメンバーであるため理解度が高く、計画への思いや推進力も高い。「有言実行」の体制をつくるのである。

第4章

「トップの思考・行動」の革新

1

結果で勝負する「プロ経営者」であれ

プロとアマの違いを一言でいうと、「プロは結果が問われる」ことだ。どんなに努力しても、結果を出さなければ評価されない。これは、常に成長に挑む経営者には絶対条件だ。

つまり、「プロ経営者」とは、常に自分を客観的に見つめ、自分を変えていく人間であり、企業を存続・発展させていく経営のプロフェッショナルである。

プロは結果で勝負する。プロとして良い結果を生み続けるには、良きプロセスや良き根本原因を培うことが大切だ。成長し続けるプロ経営者の共通点は、「与えられた環境や条件、人間関係の中で最善の結果を出す」ことなのだ。

結果が出ない理由を探し始めると切りがない。最悪なのは、経営者が自分のことを棚に上げ、役員や社員の悪口ばかり言って、自己責任を回避しているケースだ。特に中堅・中小企業は、大企業のように潤沢な資金があるわけではないため、十分な投資を行えない。また、人材の量や質が不足しているなど経営資源にも乏しい。

それを理由にしても、結果は何も変わらない。しかし、過去は変えられないが、未来は変えることができる。プロ経営者なら、未来を変えるために自分の時間を多く使うことだ。これこそが「未来志向型トップ」の条件である。

目標未達という過去の原因分析は、もちろん必要である。だが、次の目標を立てたら、スタート段階からその達成に向け、自社の持てる経営資源を使ってどうしたら達成できるかという対策立案や、不足している経営資源の調達、投資決断に多くの時間を使っていただきたい。

2 リスクを恐れず、重点・集中・徹底で最大限の成果を出す

戦略とは、「勝てる場の発見と勝てる条件づくり」であり、自社の強み（固有技術）を成長マーケットや勝てる分野に集中させることである。集中することで、その選択が正しければ大きな成果が得られる。半面、その選択が間違っていれば大きなリスクにもなる。しかし、リスクがない戦略はあり得ない。

国内マーケット縮小の中で、大胆に攻めの事業戦略を打ち出し、事業を展開している企業が

少ないように感じる。固定費を減らし、損益分岐点を下げ、不測の事態に備えた経営をすることも重要である。しかし、守りの経営だけでは、倒産する危険性が低くなる分、成長軌道に乗る可能性も低くなる。野球に例えると、守備だけでは点が入らず、勝てないということだ。

マーケットが縮小する環境下、「業界平均に比べると、現状維持ができているのは頑張っている方だ」と自己満足していてはいけない。企業活性化のためには、微増でも成長を続けることが必要である。

しかし、成長戦略を構築しても具体的な資源配分をせず、戦略実行スピードが上がらない事例も見られる。

例えば、新規事業立ち上げに際し、兼務ではなく専任担当者を任命したのはよいが、設備投資や販促費用を渋り、事業展開が進まない。あるいは、重点事業と言いながらも固定費アップを避け、思い切った人材採用や投資をしないため、事業拡大が思うように進まないといった例である。

長過ぎたデフレやマーケット縮小という経営環境に慣れてしまい、思い切った先行投資ができなくなっている経営者が多い。すなわち、これまでの経営環境が「リスクは負えない、負いたくない」というマイナス思考を常態化させているのだ。

しかし、もともと事業にはリスクが付きものであり、企業の成長もアンバランスとバランスの繰り返しで成長する。成長のため、意図的にいったんバランスを崩すことも必要である。

小手先の資源配分では、それだけのリターンしか得られない。自社の復元力を見極めながら、戦略実現のために思い切って投資することにより、未来に向けて競争優位性と収益性の向上を図っていただきたい。

戦略には資源配分が伴うものだ。逆に言えば、資源配分が伴わなければ戦略とは呼べない。無借金・無投資・無成長企業に一〇年後の未来は描けない。ビジョン、意志、勇気を持って資源配分を実行すべきである。

3 判断・行動をスピードアップせよ

情報が価値を生む今の時代、事業経営においてスピードは重要な要素になっている。競合他社よりも早く空白マーケットに参入すれば、そのマーケットでの認知度アップや先発参入者としての利益確保ができる。

また、顧客がスピードを価値と認める分野で、競合他社よりも早く商品・サービスを提供すれば存在価値が高くなり、顧客から支持される。あるいは、社内の業務プロセスを早く改善すれば、生産性向上やコスト低減などにつながり、利益率が向上する。

私は、クライアント企業によく「スピードは利益に直結する」と言っている。実際、判断・行動のスピードを上げることが、経営体質改善や業績改善につながる事例を、コンサルティングの現場で数多く見てきた。

そこで次に、判断・行動のスピードを上げるためのポイントを説明する。

(1) 自社の経営資源の現状を把握する

判断のスピードを速くするためには、日ごろから自社の経営資源であるヒト・モノ・カネの現状を把握することだ。これをつかんでいれば、即断・即決とまでは言わないまでも、判断スピードが上がる。

判断の遅い経営者・幹部は、自社の経営資源の現状が分からないから、「調査・確認した上で判断します」と判断を保留にしてしまうケースが多い。もちろん、企業規模が大きくなれば、自社の経営資源を全て把握することはできない。だが、日ごろから変化を読み取っておくことが必要なのである。

現状を知っているつもりになってもいけない。現在のポジションでのキャリアが長い経営者・幹部は、現場を知っているつもりで、変化を見ずに速く判断を下し、ピントがズレていることもある。判断が速いのは、現場にとってありがたいことではあるが、それでは現場を混乱させることになる。

経営者・幹部は、外部環境・内部環境の変化が与えるヒト・モノ・カネの経営資源の変化を見逃してはならない。社員の意識・行動の変化、顧客視点での商品・サービス価値の変化、先行でのキャッシュフローの変化などを常に意識することが、経営資源の変化を読み取り、現状把握している状態と言えるのである。

(2) 明確でブレない価値判断基準を持つ

判断のスピードを速くするためには、バックボーンとなる価値判断基準を持つことも必要である。人間は経験したことからしか学べない動物であるだけに、成功や失敗の体験から学習したことが価値判断のベースとなるからだ。また、経験を補う手段として、書籍や新聞・雑誌、テレビ番組、近年ではインターネット動画などで仮想体験をすることもできる。

経営者・幹部として、自社の事業を成長させ、かつ、経営を安定化させるための価値判断基準を整備しておく必要がある。

具体的には、経営理念、社是・社訓、行動規範、事業理念、中期経営計画、年度方針、部門方針、品質方針・基準、規定・ルールなどだ。ただし、これらのように、社内で明文化した目に見えるもの以外にも、日常の経営活動の判断に必要な事柄を、判断基準として持っておく必要がある。

例えば、前述のヒト・モノ・カネについても、文書化したもの以外に、経営者・幹部として価値判断基準を持たなければならないという意味だ。

社員の健康・安全を優先する価値判断基準があるなら、多少の経費がかかっても、健康・安心を阻害する要因の排除に努めなければならない。また、商品に明確で絶対的な品質基準があるなら、品質に対する妥協は許されない。もし、その基準を少しでも満たさないものが世の中に出たら、コストをかけてでも回収すべきである。

さらに、戦略・方針や価値観が変われば、判断基準も変えていく必要がある。日常に流されて、「昔から自社はこのようにしてきた」といった安直な判断を下してはならない。自社内では常識であっても、他社から、あるいは世の中の常識から見たら、非常識であることもあり得る。正しい価値判断基準とは、時代の変化に合わせて変わっていくものなのである。

（3）決裁システム・チェックシステムを明確化する

中堅規模以上の企業では、決裁基準や手続きを明確にしておかなければ、意思決定が全て経営者に集中する。こうしたワンマン経営スタイルは、規模が拡大するにつれ、意思決定スピードを遅くしてしまう。

権限を委譲できる幹部人材の育成と並行しながら、決裁基準書などの決裁システムを整備する必要がある。ある中堅企業では、決裁基準書（**図表33**）のように、経営幹部メンバーのレベルアップとともに決裁権限を委譲している。

今や世界トップクラスの電機メーカーとなったサムスン電子は、決裁事項の滞留期間を役員の目標管理項目にしているという。決裁滞留期限を決め、「○日までに回答がなければ承認と見なす」などの期限を設けるのも、スピードを上げる方法の1つである。十分な検討が必要な場合には、「○日までに決裁する」と回答すればよい。

実行しなければ成果は挙がらない。決めたことを徹底するためには、決定事項の文書化と実行チェック、さらにはその仕組みの推進体制やルール化も必要である。タナベ経営のクライアント企業の多くは、会議スタート段階で前回会議の決定事項を確認している。決定事項を実行

図表33　決裁基準書（例）

No.	区分	項目	決裁書の有無	担当	部長	管理本部長	担当役員	専務	社長	経営会議付議	取締役会付議	摘要
I	方針	1 経営方針				△		K	K		○	
		2 事業所方針（拠点）			△		○	R	R			
		3 事業所方針（拠点以外）			△		○	R	R			
		4 年度予算			△	△	K	K	K		○	
		5 組織・規定の改廃			△	△	K	K	K		○	
II	予算管理	1 リース物件の契約、更新、解約（土地・建物除く）固定資産（除く、土地建物）の取得・処分。ソフト開発費用。										1．金額区分は取得の場合、リース料総額とし、解約の場合は解約返戻金とする 2．リース契約は全て本社契約とする 3．1件もしくは1回当たり
		a. ～500万円未満	有	△	K	○			R			
		b. 500万～1000万円未満	有		△	K		K	○			
		c. 1000万円以上	有		△	K		K	K		○	
		2 交際費（除く、社外慶弔見舞金）										1．社外慶弔見舞金は、業務関連慶弔のための出張等の取扱内規の基準による 2．1回当たりの総額 拠点に関する場合は専務決裁。拠点以外は社長決裁 ※100万円以上は取締役会付議事項
		a. 5万円未満			○							
		b. 5万～10万円未満	有				○					
		c. 10万～20万円未満	有						○			
		d. 20万～30万円未満	有					○	○			
		e. 30万円以上	有						○			

△起案、K検討、○承認、R報告

させる仕組みとして機能させているのだ。

(4) マネジメントシステムで意思決定スピードを上げる

意思決定スピードを上げるには、決裁システム・チェックシステムに加え、マネジメントシステムを確立することが必要だ（**図表34**）。そのポイントは次の七点である。

一点目は、組織階層は極力フラット化することだ。階層が多いと決裁に時間がかかる。仕事が細分化されると、縦割りで部門最適化が進み、全社連携がしにくくなる場合がある。多くても三〜四階層以下にしたいものだ。

二点目は、各階層の責任者に、職務を遂行するための十分な権限を与えることだ。**図表33**の決裁基準書と併せて権限を明確にし、実行責任体制を築く。役職を与えても権限がなければ、責任を取る必要がない無責任体制となる。

三点目は、トップ・役員が各階層の責任者に、権限を活用できる価値判断基準を体得させる場や仕組みをつくることである。日常の報・連・相をはじめ、中期ビジョン・経営方針・判断基準の数値化などによって、価値判断の基準を教えていくことだ。価値判断力が高い幹部が多い会社は、社員の考え方もしっかりしている。

図表34　意思決定スピードアップのためのマネジメントシステム

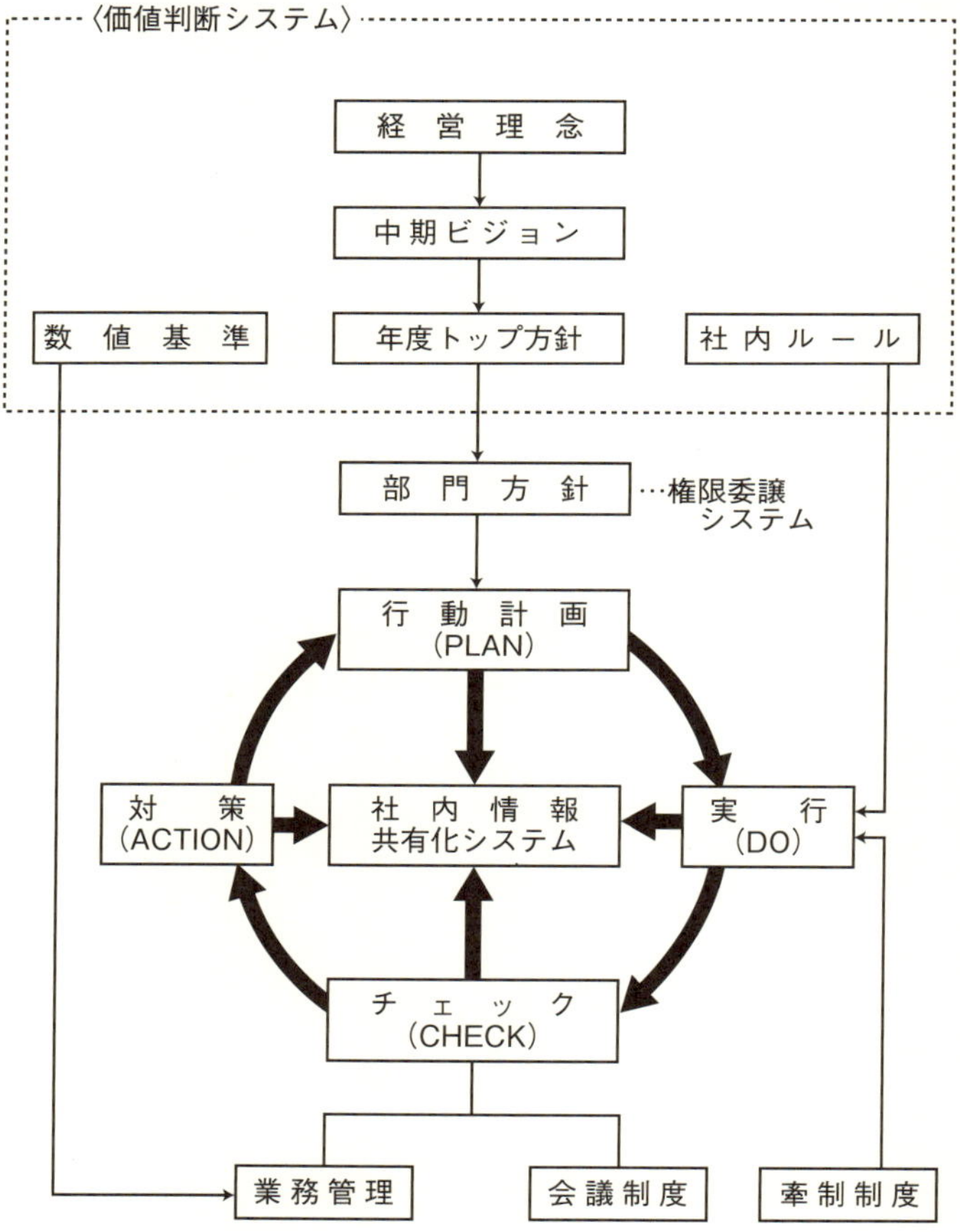

四点目は、朝礼・会議制度をはじめとしたコミュニケーションパイプの整備と、ＩＴ活用によるコミュニケーションシステムを構築することである。全社員との情報共有を徹底し、価値判断基準を統一する。同一の価値観を持つ企業は、ブレない強い組織ともいえる。

五点目は、全社の中期ビジョン・年度方針を踏まえて、部門長が部門方針を立案することである。その部門方針をトップが承認することで権限委譲を行い、実行責任体制を築く。

六点目は、不正や誤った判断・処置を防止するための牽制制度を導入することである。普段は誠実で正直な人であっても、魔がさすことがないとは言い切れない。人を信じても、人の行為を信じてはならないということだ。そもそも不正が起こらない仕組みを導入することが重要である。

七点目は、会議や業績管理システムで権限・責任の遂行度をチェックし、実行力を高めることだ。これが業績や成果を挙げることにつながる。

(5) 率先垂範で行動スピードを上げる

自社のスピードを決めているのは、経営者・幹部であるといっても過言ではない。実行することを早く決め、行動しなければ成果は出ない。

また、社員に「やれ」と言うだけでは、社員は動かない。日ごろから判断スピードを速くすることは前述したが、自らも率先垂範で行動スピードを上げることだ。

仕事の納期を守ることは当然ながら、良いと思ったことは、すぐに実行することである。経営者・幹部には権限があり、自分が決めたことは自分の責任・権限において実行することができる。この責任・権限を最大限に生かすのである。

タナベ経営は経営者向けのセミナーを多く開催しているが、会社を成長・発展させている経営者には実行力があり、またその実行スピードが速いと感じる。

例えば、ある経営者は、セミナー終了後すぐ自社に電話をして、セミナーで学んだことを実行するのに必要な資料の作成を指示していた。後日、その経営者を訪ねると、学んだことをさっそく実行し、成果も出ているとのことだった。

こうした経営者の率先垂範を、社員はよく見ている。「経営者の率先垂範とスピードが、本気度を示している」とも話していたのが印象的であった。

経営者・幹部の判断・行動スピードを上げれば、そのスピード感の体質化が利益を生む源泉にもなる。それは、成長を続ける未来志向型経営の条件の1つといえよう。

4 撤退する決断力

思い切って新規事業に投資をしたが、それがなかなか軌道に乗らず、ズルズルと足を引っ張ると、最悪の場合、本業までもダメージを受ける。

未来志向型トップには、未来を創造する攻めの視点だけでなく、撤退する決断力も必要だ。なぜなら、軌道に乗らない新規事業で使っている経営資源（ヒト・モノ・カネ）を、他の重点分野や課題解決分野へ再配分できるからである。

事業は始めることよりも引き際が難しい。新規事業を推進する立場に立てば、たとえ何年も赤字が続いていても、撤退したくないのが本音であるからだ。したがって、撤退基準を設定するのは、事業がスタートしてからでは遅い。事業を始める前に客観的な基準を決めておけば、撤退の判断がしやすくなる。

撤退基準には、例えば次のようなものがある。それぞれについて、説明していこう。

①三年以内に黒字化できなかった場合

新規事業の事業損益は、初年度の赤字はやむを得ない。しかし、二年目から事業が軌道に乗り、三年目には単年度で黒字化するくらいのスピードでなければ、収益性が期待できないと考えられる。

②五年以内に累損が解消できなかった場合

新規事業の投資回収計画では、例えば五年間の累計キャッシュフローで、初期投資の償却を含めた損失を解消するように設定する。この累積損失の解消に五年以上かかる場合は、新規事業としての立ち上がりが遅いと考えられるため、事業継続の「赤信号」だと捉える必要がある。

③計画上の投資限度額を超過した場合

計画段階で見積もった新規事業への投資限度額を超えた追加投資はできないと判断すべきで

ある。安易に追加投資を許可していけば、損失が膨らむだけだ。もちろん、追加投資を行っても事業継続が困難になった場合は、必然的に撤退となる。そう考えれば、その投資を他の重点分野や課題解決分野に振り向けることを検討すべきであろう。

④事業成立の前提条件が変化した場合

市場環境の変化などで、新規事業が成立する前提条件が大きく変わったときも要注意である。法改正による異業種からの参入、技術革新によるキーテクノロジーの陳腐化、事業の核となる製品開発の遅れなど原因はさまざまだが、それらがもたらすインパクトは新規事業の致命傷になることが多く、撤退判断をせざるを得ない場合がある。

また、この4つの撤退基準以外に、売上高・利益目標のデッドラインや獲得シェア・顧客数といった個別の基準値を設定する方法もある。

新規事業撤退の意思決定は、通常こうした基準に基づき取締役会で審議するが、内容によっては、もう少し様子を見たい場合もある。その際には、例えば撤退を一年だけ延長する（一回限り）などの措置を設けておくことも1つの方法だ。

いずれにしても、適切な判断によるスピーディーな撤退は、無駄な追加投資を抑え、次の新規事業への切り替えを早めるという点でメリットが大きい。だからこそ、撤退基準はできるだけ具体的な数字で表し、意思決定が客観的にできるようにしておく必要があるのだ。

新規事業は、成功するまで粘り強くやり続ければ失敗はないと考えることもできるが、経営資源が限られる中堅・中小企業において、この考え方は致命傷になる場合もある。トップとして「撤退する勇気」を持つために、撤退基準を明確にしてから新規事業へ取り組んでいただきたい。

5 中長期視点での価値判断基準

経営者・幹部の報酬は、価値判断力の高さによって決まるといっても過言ではない。リーダーは自社の成長発展に向けて、日々、さまざまな問題・課題を解決するため、それぞれのポジションにおける高い価値判断力が問われる。トップに近いほど、目先の自社都合や業績だけでなく、顧客視点や経営理念の実現を目指す中長期視点での価値判断力が求められる（図表35）。

ある生菓子メーカーの東日本大震災時の話である。同社は女性に人気がある有名な会社であり、三月一四日のホワイトデーはクリスマスに次いで売上げが多い。そのホワイトデーに向けて全国からリピーターや新規客の予約が入り、前年以上の売上げが見込まれた中、二〇一一年三月一一日に東日本大震災が起きた。

同社の工場は震災の影響が及ばないエリアにあり、直接の被害はなかったが、トップが下した判断は「ホワイトデーの予約は全てキャンセルせよ」であった。

なぜ、二番目に売上げが多いホワイトデーの予約をキャンセルしたのか。その理由は、「わ

図表35　トップの価値判断基準

価値判断の基準	短期	長期
ベストな判断	○	○
自己都合や業績中心の判断	○	×
顧客視点や経営理念実現の判断（トップの価値判断基準）	×	○

が社が扱う生菓子には、おいしく食べられる賞味期限がある。東日本大震災で物流網が通常通り機能していない中、おいしく食べられる約束の日時までにお客さまのもとへ届かなかったら、大変申し訳ない。また、それは商品とは言えない」というものであった。

このトップの判断を受け、幹部・社員は、顧客が「そこまでしなくても」と惜しむ中、丁重に予約キャンセルの対応に当たった。するとその後、商品に対する同社の真摯な姿勢が評価され、固定ファンがますます増えたとのことだ。

同社のトップは、独自の譲れない商品基準を持ち、目先の短期の業績よりも中長期視点での価値判断を重視する。同社はそれを実践することによって、ブランドを維持しているのである。

リーダーは業績に追われると短期的な判断を下しがちである。しかし、中長期視点での価値判断を心掛けてほしい。仮に、短期判断で業績がマイナスになっても、中長期判断でプラスになるのであれば、後者を選ぶことも正しい判断であろう。

6 成長意欲を高め社員とのモチベーションギャップを埋める

(1) トップの成長意欲はどこから生まれるのか

私はコンサルタントとして多くの企業トップと会う。その経験から、企業の成長を阻害する大きな要因は、トップ自身の成長意欲の低さと意思決定の弱さ、実行スピードの遅さであると感じる。

企業の成長は、ライバル他社と差別化・差異化した戦略の実行推進力によって決まる。この実行推進力の優劣は、業績格差として表れる。

だが、そもそもの出発点であるトップの成長意欲が低ければ、実行する戦略そのものが生まれない。当然、意思決定もない。こうした状態では、成長など望むべくもないことが分かるだろう。特に、トップの影響力が大きい中堅・中小企業においては、全ての始まりがトップの成長意欲にかかっている。

では、トップの成長意欲はどこから生まれるのか?

創業経営者の場合は、創業時の熱い思いがあるため、成長そのものがトップ自身のモチベーションとなる。「成長＝熱い思いの具現化」として、成長そのものを楽しんでいる。創業経営者にとって、現状維持は衰退を意味する。また、ゼロから起業したため、失うことへの恐怖もほとんどない。だからこそ、常に新しい道を切り開いていくのである。

二代目以降のトップは、創業経験がない。そのため、「自分が始めたわけではない（受け継いだ）事業を、自分が存続させなければならない」という命題のジレンマに陥ると、どうしても攻めより守りに重点を置きがちになる。

よって、二代目以降のトップは、成長意欲につながる先代の創業時の熱い思いをそのまま継承しつつも、自分がその事業をどう発展させていくのか、「第二創業」の明確な理由づけをし、自らの成長意欲を高めることが必要だ。

ある地場中堅不動産・建設業は、オーナー家で世代交代を三回行い、今後一〇年以内に四回目の世代交代を行う予定である。四代目社長となる後継者から話を聞くと、「これまでの社歴を振り返ると、新社長は必ず新規事業を立ち上げて事業を拡大し、次世代にバトンタッチしている」とのことだった。

確かに、二代目社長は本業の不動産業に住宅建築販売業を付加し、三代目社長は高齢者向け施設の建築・運営事業を付加している。どちらの社長も、先代から譲ってもらう際に「新規事業開発を行い、事業拡大・成長に貢献せよ」との命題を与えられたわけではない。しかし、二代目社長が創業者精神を持つ意味で始めたことが、三代目社長にも受け継がれたようである。四代目は、後継者として三代目社長の新規事業開発を見ており、「トップとなった暁には、本業を発展させるのは当然ながら、私も新規事業を立ち上げ、さらなる成長に貢献して、次世代にバトンタッチしたい」と言っていた。

こうした意志が受け継がれていくことが、永続的に発展する企業をつくり出す。二代目以降のトップは、ぜひ成長意欲を高め、第二創業、第三創業を行っていただきたい。

(2) トップと社員のモチベーションギャップ

経済の成長期は、供給よりも需要が上回っていた。だから、成長ビジョンを掲げて前へ進めば、売上げは伸びていった。だが、成熟期である現在は、単にビジョンを掲げても簡単に売上げは伸びていかない。

成長ビジョンを掲げるのは、トップの大事な仕事の1つではあるが、現実を無視したビジョンでは、社員がしらけてしまう。そこそこ安定した環境にいて、自分の収入にもある程度満足している社員に、現状と大きく異なる成長ビジョンを示しても、なぜ無理をして挑戦しなければならないのか、社員は理解できないからだ。

成長はトップのモチベーションアップにつながるが、社員にとってはそれがモチベーションアップにつながるとは限らないことを認識した上で、ビジョンを発信する必要がある。

成熟期には、なぜ成長ビジョンが必要かという理由づけを明確にすると、社員の理解度が高まる。理由づけは、経営者側の都合ではなく、外部環境との関連性で示すと理解しやすくなる。例を挙げよう。

国内人口の減少により、今後は自社が参入しているマーケットの規模が大幅に縮小し、競争激化による単価ダウンや収益力の低下が予想される。このまま今の事業を続けているだけでは、生き残ることが難しい。だから、寡占化状態の中で圧倒的なトップポジションになる、もしくは周辺領域への事業拡大によって単価を上げたり、事業の二本目の柱をつくったりすることが必要だ。よって、多少は無理をしても、新たに経営資源を配分し、成長ビジョンを推進しなければならない。

このように説明すれば、社員の納得を得やすい。外部環境の変化と自社の現状を踏まえたアプローチが効果的である。

7 リーダーとしての役割を演じ切る

リーダーには5つの顔が必要だといわれている。「哲学者」「戦略家」「心理学者」「演出家」「教育者」の顔である（**図表36**）。

「哲学者」とは、「会社、仕事、人生とは何か」といった事柄に対し、明確でブレない考え方を持っていること。また、物事の本質をしっかりとつかめることである。「戦略家」とは、目

図表36　リーダーに必要な５つの顔

的に到達するための戦略・戦術・戦闘のフレームワークが構築できること。「心理学者」とは、人の心理の機微をつかみとること。「演出家」とは、人の心理をつかみ、具体的な仕掛けや叱咤激励をして人を動かすこと。「教育者」とは、「人をつくる人」としての熱いハートとスキルを持つことである。

また、これらのほかにも、戦略家としての戦略・戦術・戦闘の実行段階においては、冷徹さが必要になってくる局面もある。トップはさまざまな局面に対処するために異なる顔を持つ必要があり、そのことから考えると〝多重人格者〟とも言える。

社長が創業者かつ事業が比較的成功しているクライアント企業で、幹部や社員に「貴社の社長はどんな性格ですか？」と質問すると、

「優しい」「温かい」「怖い」「冷徹」など、全く異なるさまざまな回答が返ってくる。また、「社長のことが嫌いですか?」と尋ねると、「好きです」とも返ってくる。これは創業社長として、自然にリーダーの役割を演じている証しにほかならない。

逆に、クライアント企業の創業社長からは、「彼・彼女(幹部・社員)はリーダーとしての自覚が足りない」という話を聞くことがある。それは、創業社長の例から考えると、まさにリーダーとしての役割を演じていないということである。

個人としての本質的な性格は、なかなか変えられない。しかし、リーダーとしての役割意識を持つことで、意識的に会社での性格を変えることはできる。要は気持ちの切り替えが必要ということだ。気持ちの切り替えと、その役割を楽しく演じるポジティブさが、自らのリーダーとしての性格を形成するのである。

おわりに　「実践主義」で、成長企業であり続ける

本書では、成長するには変化が必要であり、「4つの革新」を持続することが、成長企業であり続ける条件になると述べた。成長企業であり続ける企業とは、「代を重ねるたびに強くなる企業」と表現することもできる。

タナベ経営は、上場企業としてIR（インベスター・リレーションズ）で経営数値を公開しており、クライアントから一般企業以上に厳しく見られている。本書のサブタイトルに「成長企業であり続ける」というフレーズを使ったが、タナベ経営自身が成長に挑み続けなければ、それが嘘になる。「医者の不養生」では、一瞬にして信用をなくすだろう。

タナベ経営のスローガンに「実践主義」という言葉がある。その言葉の通り、コンサルティングのメソッドは、全て現場で実践済みの事例から生み出されたものだ。また、タナベ経営の中で実験し、メソッド化したものも数多い。

それは、創業者の田辺昇一から受け継いだ考え方でもあり、私自身もそれが大事だと考えて

いる。本書を執筆するに当たり、私自身、タナベ経営の取締役として、また、東京本部長として、自社を成長に導くことができているのか、自問自答しながら筆を進めた。

自社に存在価値はあるか。その答えは、結果として成長力・収益力に表れる。本書をお読みくださった皆さま、またクライアント企業の皆さまとともに成長していきたいと、切に願っている。

なお、本書の発刊に当たり、私がコンサルティングを通じてご縁をいただいた多くのクライアント企業の皆さまをはじめ、企業の永続発展のため共に戦うタナベ経営の皆さんに深謝申し上げます。

また、出版にご尽力いただいたダイヤモンド社の花岡則夫編集長、前田早章副編集長、編集にご協力いただいたクロスロードの安藤柾樹氏、装丁をご担当いただいた斉藤よしのぶ氏に、厚く御礼申し上げます。

二〇一五年二月

仲宗根 政則

［著者］
仲宗根 政則（なかそね・まさのり）
タナベ経営 取締役・東京本部長
沖縄県出身。1990年タナベ経営東京本部能力開発部入社。人材育成セミナーの企画・運営・集客の責任者を経て、1996年に経営コンサルティング部へ配属。2011年４月東京本部長、2014年取締役就任。
現在、タナベ経営の取締役として経営の舵取りに関わるとともに、中小企業から上場企業まで数百社のコンサルティング・教育も行うタナベトップコンサルタントの１人。事業戦略・収益構造・組織・経営システム革新に関するコンサルティング、経営者・幹部向け教育などで実績を挙げている。特に、業績を上げるマネジメントシステムの構築、マーケット動向を踏まえた競争優位に立つ戦略・ビジョンづくり、次世代幹部人材育成のためのジュニアボードシステムには多くの実績を持つ。

未来志向型経営――成長企業であり続ける、「４つの革新」

2015年３月19日　第１刷発行

著　者――仲宗根 政則
発行所――ダイヤモンド社
〒150-8409　東京都渋谷区神宮前6-12-17
http://www.diamond.co.jp/
電話／03･5778･7235（編集）　03･5778･7240（販売）
装丁――――斉藤よしのぶ
編集協力――安藤柾樹（クロスロード）
製作進行――ダイヤモンド・グラフィック社
印刷――――慶昌堂印刷
製本――――ブックアート
編集担当――前田早章

ISBN 978-4-478-03951-9